米中密約
〝日本封じ込め〟
の正体

Kikuchi Hidehiro
菊池英博

ダイヤモンド社

はじめに

21世紀に入って中国が経済的にも政治的にも台頭し、米中間での対立が表面化してきた。米国の凋落《ちょうらく》と中国の台頭で、西アジア、極東アジアにおける覇権交代が進み、米中の共存共栄関係から対立構造が目立つようになってきた。もはや米国だけに頼ればよかった戦後70年のよき時代は終わりつつある。

米中の覇権争いが目立つようになったが、実は米中両国で行われている政策があった。それは「日本封じ込め」である。

日本は、米国と中国から「危険な国」として封じ込められており、長期デフレから脱却できないようになっている。さらに、安倍首相の米国従属・中国敵視の外交によって極東アジアで孤立しており、経済力も新自由主義で衰退している。そこに、安倍首相を中心とする煽動《せんどう》で、戦前回帰の危険な兆候が強まっている。

これは今に始まったことではない。トランプの外交顧問であるヘンリー・キッシンジャーと中国の周恩来首相が、1971年に行った会談にその原点があり、「危ない国・日本」を封じ込めておこうとする思惑は米中両国に今でも色濃く残っているのである。

そこでキッシンジャーと周恩来が会談した1971年にまで遡《さかのぼ》り、1980年代から今日に至るまで、日米中関係が変遷するなかで日本がどのように封じ込められてきたかを解き明かす。とくに、冷戦終了後、米国による新自由主義理念に従って日本改造計画が進んだことで、日本がデフレになって低成長からマイナス成長に落ち込み、さらに国富が海外に流出していく道筋を明らかにする。

そして2012年12月暮れにスタートした第2次安倍内閣によって「危険な国・日本」がさらに〝危険だ〟と認識されるようになり、日本だけが世界から孤立し、長期経済低迷を余儀なくされていることを指摘する。米中対立が進むなかで、米国との集団的自衛権の行使容認を決定したことで、日本だけがババを引き、日中軍事衝突の可能性があることも示唆する。最後に、今後、日本が生き残るためには、どのような戦略をとるべきなのかを提示する。

本書でとくに指摘したいことは次のとおりである。

過去30年間の日本経済は惨憺《さんたん》たるもので、経済は実質ゼロ成長、国民所得もゼロ成長、実質賃金は非正規労働者の増加と消費税の引き上げでかなり下がっている。産業競争力も弱体化し、大手企業の国際的順位が低下している。労働法の改悪で非正規社員は非正規社員に固定化されており、所得格差の拡大で中産階級が衰退し、階級の固定化が見られる。

なぜこんな国になってしまったのか。

冷戦終了後に米国からの年次要望書で新自由主義という考えが導入され、国民の富を「99％の国民から1％の国民へ集中していく」という経済政策が採用されたからである。

米国の年次要望書を実行したのは小泉内閣（2001～2006年）であり、「小さい政府」を目標とした緊縮財政、財政赤字を解消するための「基礎的財政収支（プライマリーバランス、PB）を10年で均衡させる」というデフレ政策が導入された。このデフレ型財政規律で経済成長が止まり、生産人口の低下が加わって経済規模がゼロ成長になってしまったのだ。さらに規制緩和と称して労働法を改悪し、実質的な解雇自由、非正規雇用を全業種に拡大して、労働者の賃金水準を落とす政策を導入した。この流れは安倍内閣が引き継ぎ、一段と踏み込んで「消費税率引き上げ」「大企業の法人税率引き下げ」政策をとっている。

米国がなぜ日本に新自由主義政策で「小さい政府」「労働法改悪」を要求してきたのか。

それは、第1に、冷戦終了後の米国内で、経済力を強化してきた日本に対して脅威論が強まったことである。第2に、そのベースとして、1971年にキッシンジャーと周恩来が「日本は危険な国だ」「経済成長を抑えるべきだ。そうすれば軍事的進出を抑えられる」という点で合意し、米中共同で「日本封じ込め」の密約を結んでいたからである。

さらに、2012年12月に第2次安倍内閣が発足してからは、「日本封じ込め」が一段と強まっていると見られる。米国議会図書館調査局（議会調査局）は、「安倍は強硬な国粋主義者」「日本の近隣諸国やアメリカ合衆国によって、厳しく監視されることとなろう」（2013年）、「慰安婦問題、歴史教科書、靖国参拝、韓国との領土問題」について「すべてが現在進行形の地域の火種になっている」（2015年）と指摘している。この指摘は、現在（2020年）の状況を予見していたのである。

米国の指摘どおり、安倍晋三という政治家は強硬な国粋主義者であり、その最大の政治目標は「日本国憲法の第9条を破棄して戦争のできる国にしたい」ということである。国内では憲法改訂の機運を煽《あお》り、戦前回帰の言論統制などのファシズム的政治体制をつくることである（すでに兆候は出ている）。

米国に改憲を許可してもらうために、安倍内閣は経済面で米国の要求どおりに日本の金融資産を提供し、米国の農産物の輸入を増加させ、水道などの公共施設まで提供しようとしている。

また憲法改訂のためには、その必要性を国民に理解させなければならない。そこで、中国、韓国、北朝鮮に対して敵愾《てきがい》心を煽る外交を展開し、中国敵視、韓国への非友好的な外交姿勢、北朝鮮への敵対関係は、安倍首相がつくり上げた外交の結果である。

米国の対日基本方針は、米中密約による「危険な国・日本」の封じ込めであり、この方針は不変である。しかし財政難に陥っている米国は、東アジアのシーレーンの覇権維持のために日本の自衛隊を使いたいと思っている。こうしたなかで米国のトランプ大統領は「憲法9条は破棄させない」が、改憲したいなら「9条を維持したまま、自衛隊を追加することは認める」という考えを示唆したと見られる。日本はオバマ大統領の要請によって、2014年7月に「日本は限定的ながら憲法第9条の下でも米国との集団的自衛権行使を容認できる」という閣議決定をしていた。そこでトランプは、日本の自衛隊には軍事主権を与えないが、米軍の補助（傭兵《ようへい》）として西太平洋防衛に使えるようにしようと考えているのだ。

この流れに乗って安倍政権は、インドと包括的な防衛協力（事実上の軍事協定）を締結し、中国包囲網の一環として自衛隊をインド洋まで出向かせた。また自衛隊が南シナ海、フイリピン海峡まで出向いて米軍と軍事演習（仮想敵国は中国）を行っている。中国は「日本は専守防衛違反ではないか」と言っているが、日本のこうした行動は極めて大きなリスクをはらんでいる。

東アジア、とくに極東アジアは、米国と中国、韓国と北朝鮮、それにロシアの権益が交錯する地域であり、米国の衰退と中国の台頭で、地殻変動が起きている。

地政学的に日本の立地条件は、米国・中国・ロシアという三大国家の利害が衝突する北東アジアに位置している。さらに日本は、中国と韓国とは平和条約を交わしているものの、相互に「和解」しているとは言いがたく、北朝鮮とはいまだに外交関係がない。日本は極めて不安定な条件のなかにある。加えてロシアとの関係では、平和条約が締結される見通しはなく、北東アジアは複雑な要因で勢力バランスが変わる地域である。しかも日本は、エネルギーも食料も、さらに輸出品の原料も、大部分を海外に依存している脆弱《ぜいじゃく》な国である。この国が未来永劫《えいごう》にわたって平和国家として生き延びていくには、どのような国家観を持つことが望ましいのか。

日本は戦後最大の国家危機に直面しているといっても過言ではない。米中の「日本封じ込め」は続き、経済成長は期待できない。平和国家の看板が薄れ、「戦争か平和か」の岐路に立たされている。日本は世界最大の対外債権国であるのに、一部の大企業と富裕層以外は、日に日に貧乏になっていき、所得階差が拡大し、社会不安が醸成されている。近隣諸国との和解を拒否する政治が続いている。「危険な国・日本」から脱却するには、日本はどうすればよいのか。

日本の国家観は、現在の安倍政権の「戦前回帰の国粋主義」でよいのか、それとも、絶対に戦争しない「絶対平和主義」（専守防衛）でいくべきか。新自由主義国家か、福祉国家か。日本の最も望ましい国家観、国家理念を真剣に考える機会として、一人でも多くの日本国民に、この本を読んでいただきたい。

米中密約　〝日本封じ込め〟の正体　目次

第3章　冷戦終了でさらに強化された「日本経済封じ込め」

第4章　グローバリズムがもたらした米中の奇妙な関係と孤立する日本

終章 「危険な国・日本」から脱皮できるか

図表目次

第1章

キッシンジャーと周恩来が語る「危険な国・日本」

1

1971年の合意事項がこれからの世界を決める

中国で共産主義国家が誕生

1949年10月1日、中国共産党主席の毛沢東は、中華人民共和国の建国を宣言した。

1921年に創設された中国共産党は南京の国民党政府と戦ってきたが、1930年代には、中国に侵略してきた日本軍に対し、国民党と共同で抗日戦線を張って戦った。1945年9月2日に日本がポツダム宣言受諾の降伏文章に調印すると、共産党は国民党と決別し、国民党政府打倒の内戦状態になった。敗色濃厚の国民党が台湾へ逃避すると、1949年4月に共産党軍が南京の国民党政府を制圧した。こうして内戦で勝利した共産党は10月1日に北京に「中華人民共和国」を設立したのである。

国民党政府を率いる蒋介石は台湾へ移動したので、中国は台湾の国民党政府と北京の共産党政府の「2つの中国」に分断された。

共産主義を理念とする中華人民共和国が設立されたことは、世界に大きな衝撃を与え、とくに東アジアでは「2つの中国」として対立が激化した。民主主義を信奉する米国は台湾を支援し、共産主義国家であるソビエト連邦は中華人民共和国を支援するという冷戦が東アジアで始まったのである。

一方、ソ連邦では、１９５３年９月にニキータ・フルシチョフが第一書記に就任し、資本主義諸国と共存する考えを開示したため、共産主義による世界革命を目標にする中国共産党主席の毛沢東は「フルシチョフは修正主義だ（共産党の基本的なイデオロギーに反する）」として、中ソの路線対立が始まった。１９５９年６月には、ソ連邦が原爆供与に関する中ソ間の国防用新技術協定を破棄したために、対立は激化したのである。

この中ソ対立はエスカレートしていき、１９６９年３月、ついに中国東北部のウスリー江のダマンスキー島で大規模な軍事衝突が勃発した。

１９６９年１月に大統領に就任した米国のリチャード・ニクソンは、中国への接近を考え、積極的に中国へのアプローチを始めた。中華人民共和国設立以来、アジアで20年以上継続していた膠着《こうちゃく》状態を打破しようとする歴史的な外交が始まったのである。

米キッシンジャー大統領補佐官が訪中

それまで、外交関係のない米国と中華人民共和国は、ポーランドのワルシャワで細々と大使級会談で接触していたにすぎなかった。ところが１９６９年に大統領に就任したニクソンは、パキスタンやルーマニアの首脳に「中国の指導者と交流したい」という要望を伝え、彼らはそれを中国の首脳に伝えた。これを知った中国の首相・周恩来は、「ニクソン大統領を招待する」という招待状をルーマニア経由で米国に送り、これを受けてニクソンは周恩来宛てに「中国の招待を受け入れる。その前に準備のために特使（キッシンジャー補佐官）を極秘に派遣する」という書簡を送ったのである。

米国の国内の政治情勢から言って、訪中は極秘のうちに行う必要があった。キッシンジャーと外交関係の一団は、サイゴン（現ホーチミン）、バンコク、ニューデリー、パキスタンに入り、最後はパキスタンの大統領専用機で、1971年7月9日に北京に到着した。会談は同日の午後4時30分から11時20分までの約7時間と、翌日正午から6時30分までの6時間半にわたって行われた。

会談の冒頭に周恩来は、歓迎の意を表する前に「本日の午後には、特別ニュースがあります。あなたが行方不明になりましたというニュースです」と言って、ユーモアを込めた挨拶《あいさつ》で緊張感を和らげたと伝えられている。最初の会談でキッシンジャーが心掛けたことは十分な信頼関係を築くことであり、周恩来も心を開いて話そうと考えていたので、会談は友好的ムードで始まった。キッシンジャーも周恩来も秘密会談を行うことによる政治的リスクを背負っており、両者とも戦略的な協力関係を結ぶことが最初の会談の目的であることを理解し合っていたのである。

ニクソン大統領の米国民への報告と日本への通知

7月13日にキッシンジャーは帰国し、当時、カリフォルニア州のサクラメントにあった「西のホワイトハウス」でニクソン大統領に説明した。15日の午後9時から、大統領は全米テレビで、「7月9日から極秘にキッシンジャー補佐官を中国に派遣して周恩来首相と会談し、両国関係の正常化を模索し、かつ両国が関心のある問題で意見交換をした。さらに交流を進めるため、大統領は翌年5月までに中国を訪問する」と国民に声明を発表した。

この報道に最も衝撃を受けたのは日本であった。この時点で、西側では英国、フランス、イタリア、カナダがすでに中華人民共和国を承認しており、主要国のなかでは西ドイツと日本だけが同国を承認していなかった。当時のニクソンは日本の佐藤栄作首相と繊維交渉を通して折り合いが悪かった関係もあって、国務省のジョンソン次官が駐米大使の牛場信彦に電話連絡したのはテレビ放送の3分前にすぎなかった。たとえ秘密交渉であったとはいえ、この事実から、安全保障条約を締結している日本に対する米国の姿勢を読み取ることができよう。

キッシンジャーは同年10月22日に再び中国を訪問して周恩来と会談し、懸案事項を深く掘り下げて議論している。

キッシンジャー・周恩来の合意は「危険な日本」

キッシンジャーと周恩来の二度目の会談は、1971年10月22日に北京の人民大会堂で行われ、2002年に、このときの極秘会談の議事録が公開された。この議事録のなかで日本に関する議論を見てみよう〈出所：産経新聞〈2002年8月9日付〉、高原明生ほか編『日中関係 なにが問題か』〈岩波書店、2014年〉など〉。以下の会話の記述は議事録からの抜粋である。

キッシンジャー 最も気になる問題から始められてはいかがだろう。

周恩来 現在の日本の経済発展を止めることは困難になっており、必然的に海外の先進国や開発途上国にも影響が出てきている。開発途上国に対しては植民地化を進めている。日本には第二次大戦の教訓から平和と中立の道を歩んでほしい。現状の資本競争の政策を続けるなら、早晩問題が生じる。経済発展を望む者がいれば、その発展を許容せざるをえない者が出てくるからだ。経済発展が拡大すれば、自衛という名であろうと軍備拡張へとつながるだろう。

第二次大戦後も日本はこの50年間と同様に中国に挑戦的な向きがあるが、中国は報復ではなく平和と友好の政策をとっている。日本の政権に挑戦的な向きが出たのは大戦後、日本が恩恵を受けたからだ。他国に賠償する必要はなかったし、この25年間、国防支出の必要もなかった。現在は経済発展によって第4次防衛計画で国防支出も増えようとしている。中国は日本との敵対関係を望まず、日本政府の拡張政策が見直され平和政策が推進されれば、状況は変わるだろう。

キッシンジャー 率直な日本観を示す。これは米政府全体の見方ではないが、ホワイトハウスの代表的な見解だ。中国と日本を比較した場合、中国は伝統的に世界的な視野を持ち、日本は部族的な視野しか持っていない。

周恩来　日本はものの見方が偏狭で、全く奇妙だ。島国の国民だ。英国も島国だが。

キッシンジャー　日本と英国は違う。日本は自国の社会があまりに異質なので、社会を適合させ、国の本質を守ろうとする。日本は突然の大変化も可能で、３カ月で天皇崇拝から民主主義へと移行した。日本人は自己中心で他国に対する感受性に欠ける。日本の経済発展の方式は自身のためで、そこに特性が具体的に示されているという首相の意見に全く同感だ。日本に対しては何の幻想も抱いていない。

首相が示した「日本を中立化するのが望ましい」という見解について意見を述べるが、１億人超の人口がいる世界第３位の工業国にとって何が中立かを認識するのは難しい。歴史の中には、２種類の中立しかない。ベルギーのように他の国々に（中立を）保障された国と、中立を宣言し独自の強力な軍隊で防衛するスイスやスウェーデンのような国だ。

日本が独力で国防を行えば、軍備拡張で周辺諸国にとって脅威となるだろう。現状の日米関係は実際には日本を束縛しており、もし米国が（日本を解き放す）皮肉な政策をとれば日中の緊張を引き起こす。日本との関係を緊密にせずに自立を促して米国が日中双方と関係を結ぶのはあまりに短絡的で、米中はいずれも犠牲となるだろう。

日本が太平洋にある米国の従順な身内だと考えるような米国人はお人よしだ。日本は独自の目的を持ち、ワシントンではなく東京でそれを実行している。日本びいきの向きがある人たちは日本を利用しようとするが、それは危険だ。

米国は対日基本政策として、核武装に反対し、自国防衛のための限定的な再武装を支持し、台湾や朝鮮半島への軍事的拡張に反対している。

周恩来　日本の核武装を望まないというが、米国が日本に核の傘を与え、他国への脅威になっているのはどういうことか。日本は大きな力と同盟関係にあると感じるからこそ、経済発展や軍備増強を遂げているのだ。

キッシンジャー　核の傘は日本に対する核攻撃に備えたもので、米国が（攻撃に出る）日本のために核兵器を使うことは自国のために使うこと以上にありえない。しかし、実際には日本人は迅速に核兵器を製造する能力を持っている。

周恩来　それは可能だろう。日本の防衛力を制限することは可能と考えるか。

キッシンジャー　確信していないことを断言したくない。日本が現在の米中関係に反発して、ナショナリズムが再度台頭するというような主張以上に防衛力を制御する方策の場があると信じている。日本のアジア支配を回避するために第二次大戦を米国が戦ったのに、25年後には日本を支援しているというような見方は適当でない。……（中略）……もし、日本に強力な再軍備拡張計画があるならば、伝統的な米中関係が再びものをいうだろう。日本を自国防衛に限定するよう最善を尽くさなくてはならず、日本の拡張阻止のため他国と共闘するだろう。

周恩来　日本の経済力で軍備増強を可能にし、日本を勝者にしようとする大きな力がある。日本人を平和と中立に向かわせることはなぜよくないのか。

キッシンジャー　当然、日本が平和政策を進めることを問題視はしていない。日本が中立を目指すことは、軍備増強の結果をもたらすと考えているのだ。戦術的に中立になるだろうが、日本は以前はそうだった。

周恩来　日本は米国のコントロールなくしては野蛮な国家だ。拡大する経済発展を制御できないのか。

キッシンジャー　軍事的側面以外では完全に制御はできない。核の傘に関しては日本との間にその拡張で条約を結ぶ必要はない。核時代には国が他国を防衛するのは条約のためではなく、自国の利益が問われるためなのだ。日本は軍事的には米国に何も貢献していない。もし極東地域で米国が積極的戦略を描くならば、日本を必要としないだろう。日本に基地は必要とせず、日本以外でも基地は持てる。

周恩来　日本の軍国主義が復活するのは望ましくない。日本をここまで経済発展させたのは米国だ。

キッシンジャー　それは本質的には事実だ。しかし、日本の経済発展が現実にあるならば、米中は太平洋の両岸で何をなすべきかを決めなければならない。米中は愚鈍な楽観主義者でもないし、首相は現在の様相の中で、状況を見つめなければならない。

周恩来　日本はすでに豊かな国に育った。今問題なのは、日本の多くの人々が日本の米軍基地撤退を要求していることだ。沖縄をはじめ日本の米軍基地の今後の役割についてはどう考えているか。

キッシンジャー　日本人が駐留軍の撤退を望むならいつでも、米軍は撤退する。首相はその日が来ることを喜ぶべきでないと思う。米国が日本を経済大国にしたことを今日後悔しているように、中国もいつの日かそのことを後悔する日が来るからだ。

共通の利益と確認された日米安全保障条約（討議の焦点）

会談の当初の段階で周恩来は、「米国が日米同盟を利用して日本軍を台湾に派遣するのではないか。米国の核の傘下にいるから日本は経済的にも力を得て対外進出している。日米安全保障を破棄して、日本を非武装の中立国にしてはどうか」という見解を述べ、「日本は部族的で野蛮な国だ」「日本の軍国主義の復活には絶対に反対だ」「日本の経済を発展させたのは米国ではないか。経済力がつくと軍事力もつくので、日本は危険だ。日本の経済発展を米国は抑えられないのか」と日本に対する安全保障上の懸念を表明した。

これに対してキッシンジャーは、「日本軍を台湾に派遣するなどまったく考えていない。日本の防衛力は周辺の防衛に限定すべきであり、米国は対日基本政策として、日本の核武装に反対し、自国防衛のための限定的な再武装だけを支持しており、台湾や朝鮮半島への軍事的膨張に反対している」と述べ、「米国の核は日本に対する他国からの核攻撃の抑止力であり、日本の対外進出を支援するようなことに使うつもりはまったくない。歴史的に見ても日本は中立国になれない。

日本への束縛を解いて中立的な状態にすれば、日本が軍備拡張を行い、周辺諸国に脅威となるであろう。だから日米同盟でしっかりと束縛しておくべきである」と説明している。

キッシンジャーの発言で周恩来は、日米同盟が中国を敵視する同盟ではなく、日本の軍国主義の復活を抑止するための「日本封じ込め」が目標であることを認識し、日米同盟が米中の共通の利益になっていることに気がついたのである。これを契機に、中国は日米同盟の存在意義を評価し、日米同盟を受け入れたと言われている（徐顕芬「克服すべき一九七二年体制」前掲書、岩波書店）。

これが今日に至るまで、米中共同の「日本封じ込め」戦略となっている。

残された課題――日本の経済成長抑制による「封じ込め」

第二次世界大戦の戦勝国（米国、英国、フランス、ソ連邦、国民党の中国）は、ドイツと日本が侵略戦争を起こさないように「封じ込める」政策をとってきた。日本に対しては、米国が勝戦国の代表として、日本の憲法に第９条（戦争放棄と軍備放棄）を規定し、日米同盟を結んで「日本封じ込め」政策をとってきたのである。ところが、終戦直後の中国は国民党政権（中華民国）であったので、共産党政権（中華人民共和国）は戦勝国の対日封じ込め政策を理解しておらず、米国は日米同盟によって日本を利用して中国本土を攻撃しようとしていると思い込んでいたと思われる。

しかしキッシンジャーは、日米同盟は〝日本封じ込め〟が目的であり、今後は米国が中国とともに日本を封じ込めていくことが必要であると周恩来に説明した。これで周恩来は、日米同盟が中国の利益にもなることを知り、日米同盟を容認し、その後は共同で「日本封じ込め」に協力してきている。キッシンジャーと周恩来の会談は、両国首脳の歴史認識の変化を知るうえで興味深い出来事である。

周恩来がキッシンジャーに投げかけた大きな疑問として注目すべきことは、「日本の経済成長が続いているので、防衛支出が増え、危険な事態になる。日本の経済を成長させたのは米国の責任だ。何とか成長を抑えられないか」ということだ。キッシンジャーは、米国の責任を認めており、「日本の経済成長をいかにして抑えるか」が、米国が中国に約束した大きな課題である（第3章参照）。

2

ニクソン大統領、周恩来首相・毛沢東主席と固い握手

世界に放映された歴史的瞬間

キッシンジャーの予備交渉を経て、1972年2月21日にニクソン大統領夫妻は北京を訪問し、空港で出迎えた周恩来首相と固い握手を交わした。第二次世界大戦終了後、しかも朝鮮戦争で戦っ

た両国首脳の初めての会談であった。

その後に、ニクソンとキッシンジャーは、中南海で毛沢東主席を訪れて会談し、直後に晩餐会《ばんさんかい》が開かれ、その模様は世界中に生中継された。朝鮮戦争（1950〜1953年）で戦った両雄の和解の瞬間であった。翌日の首脳会議の冒頭で周恩来は「大統領の訪問は無駄にならないことになります」と訪中を高く評価し、ニクソンも「歴史上いかなる時代の人々よりも多くの人が二人のスピーチを生で聴いたことでしょう」と述べている。

ニクソンと周恩来の会談は5回にわたって開かれており、台湾問題、日本および日米安全保障条約、米中の国交正常化がメインテーマとして取り上げられ、さらにソ連邦、インド・パキスタン問題など、多岐にわたった。日本に関する問題は、すでに述べたとおり、キッシンジャーの二度目の訪問でかなり踏み込んだ議論がなされていたので、このときにその合意が確認されたのである。

ニクソンが台湾に関する5原則を提示

最も難しい課題は台湾問題であり、ニクソンは周恩来に次の「台湾に関しての5原則」を提示した。

①米国は中華人民共和国を唯一の政府として認め、台湾の地位が未定であることは、今後、表明しない。

②台湾の独立を支持しない。
③日本が台湾へ進出することがないようにする。
④台湾問題を平和的に解決し、台湾の大陸への武力奪還を支持しない。
⑤中華人民共和国との国交正常化を求める。

ニクソンは米国が段階的に台湾から撤退することを約束し、一方、中国は米台防衛条約の破棄を共同声明に盛り込まないことで譲歩するとともに、「米軍の全面撤退を最終目標にする」という言質をニクソンから獲得して妥協した。この状態が現在も継続している。

キッシンジャーが訪中した1971年7月から世界は大きく変わった。同年10月に、国連総会でアルバニアが提案した「中華人民共和国の中国代表権を認め、中華民国政府（台湾＝国民党政府）を追放する決議」が採択された。これによって中華人民共和国は、米国が承認する前に、国連の常任理事国として国際社会に登場することになった。

ニクソンの訪中は、米国が共産主義国家である中華人民共和国を受け入れ、国際社会に多様性が認められた瞬間であった。

その後の米国は、ソ連邦と中国を等間隔で対応する外交政策をとり、これは米ソ対立を緩和する「デタント外交」として冷戦を鎮静化させる効果もあった。さらに、キッシンジャーが中国の承認を取りつけたころで、日米安保条約は「日本封じ込めのために必要な普遍的な戦略」であることが米中両国で改めて評価されたのである。

先見の明があった２人の日本観

21世紀に入り、日本では戦前回帰の動きが甦《よみがえ》ってきた。最近の日本では、安倍晋三首相が「（太平洋戦争が侵略戦争であったかどうかは）後世の歴史家に任せるべき」と国会で宣言して、日本の東アジア進出は侵略ではないとし（村山談話を否定し）、中国敵視的な政策を推し進めている。さらに、韓国に対しても、河野談話で解決していた慰安婦問題を覆して非友好的な外交を始めた。こうした中国、韓国、北朝鮮と敵対関係を引き起こす非友好的な外交が顕著になるだけでなく、憲法改訂による戦前回帰の動きが表面化している。

キッシンジャーと周恩来が合意した「危険な国・日本」が、両者の会談から四十数年経過した現在、まさに甦ってきたのである（第８章参照）。

周恩来は１８９８年生まれで、１９１７年に日本に留学し、日本人の国民性や特徴（部族的、派閥的、島国的で国際的普遍性がないことなど）に接しており、さらに日本の残酷な中国侵略を知っていたので、厳しい日本観を持っていた。

一方、１９２３年にドイツのフュルトで生まれたユダヤ系のドイツ人であるキッシンジャーは、１９３８年にナチス・ドイツに追われて米国へ移住し、ハーバード大学大学院で博士学位を取得した。外交史が専門で、力の均衡を重視する政治学者であり、客観的な事実を重視する分析と洞察力で高い評価を受けている外交官でもある。

１９７２年の時点でキッシンジャーと周恩来が合意した「日本は危険な国だ」という認識は、四十数年先まで見越した卓見であったと言えよう。

周恩来は１９７６年１月８日に、毛沢東は同年９月９日に、それぞれ他界した。この時点で、中華人民共和国はすでに国連に加入していたが、米国が同国を承認したのは１９７９年１月（民主党のカーター大統領）であり、両者が存命中に米中国交正常化を見届けることはできなかった。キッシンジャーは現在でも健在であり、トランプ大統領の外交顧問役として存在感を示している。２０１８年11月には中国を訪問して習近平国家主席と会談している。

3 第二次世界大戦終了後のドイツと日本の「封じ込め」

ドイツ封じ込め（基本法24条とＮＡＴＯ）

ドイツの敗色が濃厚になった１９４５年２月４日から11日にかけて、当時のソ連邦内のクリミア自治共和国のヤルタ近郊のリヴァディア宮殿で、ルーズベルト大統領（米国）、チャーチル首相（英国）、スターリン首相（ソ連邦）が第二次世界大戦後の処理について協議した。

主たる内容は、①4カ国によるドイツ分割統治、②ポーランドの国境設定、③バルト三国の処理などの東欧諸国の戦後処理、④国際連合の創設と米国・英国・フランス・中国・ソ連邦の5カ国が安全保障理事会で拒否権を保持すること、⑤ドイツ敗戦から90日後のソ連邦の対日参戦（日ソ中立条約の破棄）および千島列島・樺太・朝鮮半島・台湾などの処理を決めることであった。

終戦後のドイツは、首都ベルリンを含めて、東側をソ連邦、西側は英国・米国・フランスの3カ国で分割統治することが決まった。その後、英国・フランス・米国の占領地域は1949年5月にドイツ連邦共和国（西ドイツ）として、ソ連邦占領地域は同年10月、ドイツ民主共和国（東ドイツ）として、それぞれ占領下で形式上、独立した。

終戦後の欧州では、資本主義陣営と共産主義陣営の対立が激化してきたので、英国とフランスが中心となって米国を引き込み、1949年4月に軍事同盟として北大西洋条約機構（North Atlantic Treaty Organization：NATO）が創設された。同時にソ連邦は東欧諸国を巻き込んだワルシャワ条約を締結し、東西の対立が激しくなった。

同年5月に独立した西ドイツはNATOへの参加を望んだが、当初、フランスが反対した。しかしフランスも、ソ連邦主導のワルシャワ条約加盟8カ国に対抗するには西ドイツ軍の加盟が必要であるとの判断に立ち、西ドイツの基本法第24条で「世界平和の秩序維持のため主権的権利を国際機関へ委譲する」こと（西ドイツ軍に軍事主権はなく、軍事行動はNATOに委任されている）を再確認したうえで、ＮＡＴＯへの加盟を認めた。こうしてＮＡＴＯは、「ソ連邦封じ込め」と同時に「ドイツ封じ込め」という「二重の封じ込め」政策が骨格となっている。

統一後でも基本法第24条でドイツに軍事主権はない

１９９０年10月３日、西のドイツ連邦共和国に東のドイツ民主共和国が編入される形で、ドイツ統一が実現した。

ドイツ統一については、当初、フランス内で「ドイツが統一すると大きくなりすぎる」（ミッテラン大統領）と言って難色を示す意見がかなりあったが、統一後のドイツでも西ドイツ時代の基本法をそのまま存続させ、第24条（ドイツには軍事主権を認めない）を継続させることを条件に、フランスも統一に賛成した。こうして、統一後でもドイツの軍事主権は国際機関に委任されており、ドイツ政府はＮＡＴＯの承諾がなければドイツ軍を国境から一歩も外へ出せないのである。

しかしドイツは、ＮＡＴＯ要請であっても拒否権を発動できる。

ドイツはＮＡＴＯ加盟国の一国であるので、ＮＡＴＯ幹部が決定した軍事行動はドイツに伝達される。これを受けたドイツがＮＡＴＯ軍に参加するかどうかの判断は、国会（上下両院）での事前承認が義務づけられている。イラク戦争のときにドイツは、「イラク戦争は米国が国連の承認を得ないで始めた戦争であるので、違法な軍事行動である」との立場を示し、イラクへの派兵を拒否した。つまりドイツは「国連が承認していない軍事行動は違法である」との考えに立っており、国連中心主義であることが確認できる。

これと対照的なのが日本だ。イラク戦争のときに小泉首相は、戦後初めて紛争地域に自衛隊を送り、50億ドル（約５５００億円）の復興援助を約束して、米国に追従する姿勢を示していた。

ここではっきりしたのは、「ドイツは国連の承認のない軍事行動には、ＮＡＴＯの一国である米国の要請であっても、きっぱりと軍事行動を拒否した」ことだ。ところが日本は、国連の承認のない米国単独の軍事行動に、援助の形とはいえ参加したことは、今後に大きな禍根を残したのである。

日本の戦後の道筋となったポツダム宣言

ドイツがヤルタ宣言書を受諾して降伏したあとでも、日本は交戦を続けていたので、１９４５年7月26日にベルリン郊外のポツダムで、米国のトルーマン大統領、英国のアトリー首相とソ連邦のスターリン共産党書記長が集まり、「日本への降伏要求の最終宣言」（ポツダム宣言）を送った。この宣言書は、トルーマンが作成したものを英国が修正し、さらに中国の国民党総裁の蒋介石が無線で了承することで、三国の署名の形で発表された。ソ連邦は署名しなかったが、追認している。

しかし日本が、なかなか受諾しないので、８月６日と9日に、広島と長崎に原爆が投下された。これでようやく8月15日に、天皇陛下が国民にポツダム宣言の受諾を伝え、その後９月２日に、東京湾内に停泊する米戦艦ミズーリの甲板で日本政府代表の重光葵と大本営（日本軍）全権の梅津美治郎および連合国代表が、降伏文書に署名したのである。

ポツダム宣言は13条からなり、第1～4項で日本に戦争を終結させるように促し、5項以下では具体的な条件を提示し、第12項で「日本国国民の自由な意思により、平和的で責任ある政府が樹立されれば、連合軍は直ちに撤収する」ことを明記した。さらに第13項では「日本国政府が直ちに全ての日本国軍隊の無条件降伏を宣言」することを降伏の条件とした。そのほか、軍国主義の排除、一定期間の占領、植民地の返還と領土の制限、軍隊の武装解除、戦争犯罪の処罰、民主主義と言論・思想の自由、基本的人権の尊重の確立なども降伏の条件として挙げられていた。

ポツダム宣言は、武装解除と軍国主義の排除に加えて、戦後の日本の復興の道筋を示していたのである。

新憲法の制定と日米安全保障条約・政府間協定の締結

日本が正式に降伏文書に署名したあと、戦勝国の代表として、戦後の敗戦処理と「日本封じ込め」の責任を負うことになったのは米国である。連合国軍最高司令官であった米国のダグラス・マッカーサー元帥は、東京にGHQ（連合国軍総司令部、東京日比谷の第一生命ビル）を立ち上げ、すぐに日本側と接触を開始し、敗戦後の日本の政治経済体制の構築に努めた。

終戦時の1945年8月17日から首相であった東久邇宮稔彦王が10月5日に辞任し、10月9日に外交官出身の幣原喜重郎が首相に就任した。幣原首相は、外交官出身の吉田茂外務大臣と共に、戦後処理と新憲法制定の作業に入った。

日本側は明治憲法を改正した改憲案を作成したが、ＧＨＱに否定された。マッカーサーは自分たちで憲法草案をつくり、主権在民（明治憲法では主権は天皇のみ）、基本的人権の保障、平和国家をベースとする憲法草案を作成して、日本政府に示した。それを受けた日本側は、幣原首相が中心になって紆余《うよ》曲折の末に修正を入れ、最終案草案とした。この憲法草案は、大日本帝国憲法（明治憲法）第73条の改正手続きに従い、１９４６年５月16日からの第90回帝国議会の審議で若干の修正が入ったのちに議会で可決された。

新憲法は１９４６年11月３日に公布され、翌年５月３日に施行された。さらに１９５１年９月に平和条約（サンフランシスコ条約、翌年４月に発効）が締結されると同時に、日米安全保障条約も締結された。

さらに、１９５２年に結ばれたのが日米行政協定で、日本の政権が交代しても米国の権益（主として駐留軍の治外法権）が根本的に変わらないように規定されており、米国が締結しているドイツやイタリアとの政府間協定に比べて、日本の主権が極端に制約されている。

憲法第９条は幣原喜重郎の提案だった

憲法草案では「天皇陛下は元首ではなく、国民統合の象徴としての存在」と位置づけた。そして、日本が二度と無謀な侵略行為を行うことがないように、日本を「軍事面で封じ込めておく規定」を憲法に入れることが、連合国側の使命であった。この目標が憲法第9条の制定につながった。第9条は次のようになっている。

第9条

①日本国民は、正義と秩序を基調とする国際平和を誠実に希求し、国権の発動たる戦争と、武力による威嚇又は武力の行使は、国際紛争を解決する手段としては、永久にこれを放棄する。

②前項の目的を達するため、陸海空軍その他の戦力は、これを保持しない。国の交戦権は、これを認めない。

つまり、第9条1項で「国権の発動たる戦争」と「国際紛争を解決する手段としての武力行使または武力による威嚇」を永久に放棄し、第2項では「戦力の不保持と交戦権の不行使」を規定している。

この第9条について、多くの改憲論者は「マッカーサーが入れた」と息巻き、「だから改憲すべきだ」と主張する。しかし、長年にわたって日本国憲法の成立過程、とりわけ第9条の成立過程を研究してきた堀尾輝久氏（東京大学名誉教授）は、「今度の憲法に戦争の放棄の条文を入れる事の発意があったのだが、それは幣原からだった」ことを確認した（『世界』岩波書店、2016年5月号）。堀尾輝久氏の『世界』への寄稿文では、次のように記載されている。

堀尾氏は国会図書館の憲法調査室を訪ね（２０１６年1月19日、21日）、マッカーサーが当時の憲法調査会会長であった高柳賢三氏に宛てた次の書信（１９４６年12月16日付）を見つけ出した。

「戦争を禁止する条項を憲法に入れるようにという提案は、幣原首相が行ったものです。首相は、わたくしの職業軍人としての経験を考えると、このような条項を憲法に入れることに対して、わたくしがどんな態度をとるか不安であったので、憲法に関しておそるおそるわたくしに会見の申込をしたと言っておられました。わたくしは、首相の提案に驚きましたが、首相にわたくしも心から賛成であると言うと、首相は、明らかに安どの表情を示され、わたくしを感動させました。

クリスマスをお祝しつつ　拝具　ダグラス・マッカーサー」

こうして憲法第9条は、幣原の理想主義的な先見性と日本軍壊滅のために戦ってきた職業軍人の合意で成立したことが確認されている。さらにマッカーサーから高柳氏宛ての書簡には、「日本国憲法第9条は、幣原首相の先見の明と英知とステーツマンシップを表徴する不朽の記念塔である」と記されている。

戦勝国の総司令官であるマッカーサー元帥の最大の任務は、日本に二度と侵略戦争をさせないように、しっかりとした規律を憲法に入れることであった。この目的と、悲惨な戦争を経験した日本の外交官出身の首相の考えが一致した結果、規定されたのが憲法第9条だったことがわかる。

冷戦が始まった1950年以降も、この憲法第9条のおかげで、日本は戦争に巻き込まれることはなく、さらにこれが第三次世界大戦に向かう危機を防止するうえで効果があった。もし憲法第9条がなく、また1951年に米国のダレス特使が日本の吉田茂首相に「再軍備して朝鮮半島に出征してほしい」という要求があったときに、同首相が「再軍備しましょう」と応じていれば、日本軍が北朝鮮および中国義勇軍と朝鮮半島で戦火を交えることになり、朝鮮戦乱がもっと拡大していただろう。そして、第三次世界大戦へと戦火が広がっていたかもしれない。

憲法第9条が、日本の首相から出た提案であったことは、われわれ日本人にとって大きな誇りである。

平和条約の調印と日米安全保障条約の締結

1951年9月8日、日本はサンフランシスコで連合国と講和条約（平和条約）、米国と日米安全保障条約に調印し、この2つの条約で戦後の独立国としての日本が始まった。

講和条約は豪華なオペラハウスで48カ国の代表が調印した。ソ連邦は署名を拒否し、中国は招待されず、インドは参加を拒否した。また同日、日米安保条約が締結され、今日に至る日米関係の基礎になった。講和条約も日米安保条約も、日本側の調印者は吉田茂首相単独であった。

米国の提案で日米安保条約が締結されたのは、米国の世界戦略として、「日本を保護国にして管理していくこと」と「共産主義陣営からの防御のために米軍が日本に基地を継続して置くこと」が目的であった。ここで締結された安保条約は、日本全土における米軍基地の自由使用を認める一方で、米国は日本の防衛義務を負わないとする不平等な内容であった。

1960年の岸信介首相と米国との交渉で、同条約はいったん廃棄され、新安保条約として、米国は「日本の防衛義務を負う」（第5条）が入れられた。しかし条文では、「各締結国は、日本国の施政権下で武力攻撃があった場合、自国の憲法上の規定および手続きに従って対処するように行動する」と明記されているだけなので、日本が他国から軍事攻撃を受けたときに米軍が直ちに参戦することはありえない。米国憲法では参戦権は議会にあるため、「尖閣で有事の際には、米軍が直ちに支援してくれる」という日本側の認識は誤りである。

さらに1952年2月28日には日米行政協定が締結され、駐留する在日米軍と米兵などの法的地位が定められた。とくに、この協定で、基地貸与の期限が来て、日本が貸与を拒否しても、米国は使用を継続できることになっており、半永久の貸与契約である。日本の独立国としての主権が侵されているのは、この日米行政協定が原因である。

とくに沖縄での不幸な出来事は、日米行政協定によって米国人が守られているからであり、米軍基地内と周辺に日本の行政権、裁判権がないことに起因している。安保条約は条約であるから、日本の国会で審議されたうえで批准が必要になる。しかし、日米行政協定に関しては、国会での審議が不要だ。米国は、国会で駐留軍の治外法権が議論されるのを避けるために、当初から米軍の日本駐留についての取り決めを安保条約には入れず、日米行政協定によって両国の政府で決めることにしたのである。

このように、米軍の常時駐留を認めたのは吉田茂首相であり、多くの取り決めが公開されなかった（秘密約定）。

当時の日本には、米軍の早期撤退を望む政治家も多かったが、米国の強い要求で、米軍は無期限に駐在することになった。これは、「日本が再軍備をして軍事大国になるのを抑制すべきである」という連合国（勝戦国）共通の目的があるからだ。また、米国としては「日本に再軍備をさせずに封じ込めて、米国の保護国にしておく」ことと同時に、「日本に防衛費の負担（経済的対価）を求める」という戦略だった。

当時はソ連邦が共産主義のイデオロギーを拡大する政策をとっており、１９４９年には中国に共産主義政権が成立（中華人民共和国創設）した関係で、東アジア諸国の共産化を抑止するのが米国の世界戦略であった。日本は新憲法で当初は自衛隊も認められていなかったが、１９５０年6月25日に朝鮮半島で戦乱が勃発（北朝鮮軍が韓国に侵攻）したことで、在日米軍８万人が朝鮮半島に出動し、手薄になった日本の警備を増強するために、連合国軍総司令部（ＧＨＱ）は警察予備隊の設立と海上保安庁の増員を指示した。これが自衛隊の始まりである。

自衛隊は在日米軍を補佐する形になっており、在日米軍基地内に自衛隊が置かれる場合が多く、そこでの指揮官は米軍の将校である。ソ連邦が崩壊する１９９１年までの冷戦期間中は、日米同盟を中核として、米国が東アジアの民主主義を守る役割を担ってきたのである。

4 日米安全保障条約（日米同盟）の目的と意義

日本の軍事的進出の「封じ込め」（ビンの蓋）

米国の国内で広く認識されていることは、日米同盟の目的は戦勝国を代表する米国が「日本を軍事面と経済面で二重に封じ込めておくこと」である（米国の政治学者、クリストファー・レインほか）。

１９９０年に、在日米軍基地の司令官であったヘンリー・スタックポールは、在日米軍を維持する理由について、「再軍備して復活した日本など、誰も望んでいない。だからわれわれはビンの蓋《ふた》になっているのだ」と述べている。この考えは、自衛隊をつくらせたマッカーサー元帥時代の対日講和条約交渉の特使であったジョン・フォスター・ダレス以来の米国の対日戦略であり、現在でも変わらない。

米国の対日基本戦略は「日本に対外的攻撃能力を絶対に持たせないこと」（孫崎享『日米同盟の正体』講談社現代新書、２００９年）であり、再軍備をさせないようにするものである。

２０１５年に訪中したオバマ政権のケリー国務長官は「米国は中国を必要とし、中国は米国を必要としている」と演説し、両国が共存共栄関係になっていることを宣言した。しかしその後、トランプ政権になってからは米中貿易摩擦が激化し、米中の覇権争いが表面化してきているが、基本的に米国は中国とともに日本の封じ込めを継続する（再軍備を禁止した憲法第９条を破棄させない）ことには変わりはない。

債務国に転落して財政的余裕のない米国は、西太平洋のシーレーンを守るために、日本の自衛隊を傭兵として活用しようとしている。もし自衛隊が尖閣防衛のみならず、フィリピン海峡まで出ていくことになれば、中国は「専守防衛違反だ」として日本を糾弾し、武力衝突すら発しかねない危険性がある。そうなると、米国を含む国際世論は「また日本の侵略が始まった」と日本を非難するであろう（すでに中国は警鐘を鳴らしている）。

尖閣諸島やフィリピン海峡で自衛隊と中国軍が小競り合いを起こしても、国力が衰退した米国が軍隊を派遣することは考えにくい。犠牲になるのは日本である。

米中覇権争いが表面化してきている現状では、とくに慎重な行動に出なければならないのは日本なのだ。

無制限な基地の提供と日本防衛の対価の要求

そのために日米同盟では、日本は米国に「どこでも期限なく基地を提供する」ことになっている。米国の東アジア戦略は、日米同盟を中軸として米韓、米台、米比、米豪同盟があり、この中で在日米軍基地は最大で「不沈空母」（中曽根康弘元首相の発言）として機能している。朝鮮戦争（１９５０〜１９５３年）、ベトナム戦争（１９５５〜１９７５年）と続く米国の東アジアでの戦争では、日本の基地（主として沖縄）から爆撃機が飛び立ち、日本の基地に帰還していた。在日米軍基地は米軍の主権の下で自由自在に活用されている。

冷戦時代には、ソ連邦が近隣諸国へ共産主義思想を浸透させ、武力攻勢をいとわない危険性があったことから、在日米軍が軍事力を持たない日本の防衛にあたっていた。

冷戦終了後の米国では、防衛している日本から、その対価を要求する声が強まり、１９９４年から日本に対日年次要望書を送って、日本経済の構造改革を要求した。それにより、日本の国富が米国に流れるようなルートが設定され、すでに約２５０兆円（日本の預貯金総額の17〜18％）もの米国債を購入している（第３章参照）。

この米国の要求は、米国と中国が合意した「日本封じ込め」政策に準拠している。

日米同盟は「片務的条約」ではない

米国のトランプ大統領は、「日米同盟は不公平だ。日本が攻撃されれば米国は防衛しなければならないが、米国が攻撃されたときには日本はソニーのテレビで見ているだけで、米国を守ってくれない」と発言し、日米同盟は双務的条約ではなく、片務的条約（日本だけが得をし、米国には不利）だと非難している。

たしかに日本は憲法第9条で集団的自衛権行使容認を禁止されているので、軍事面で米国の防衛に協力することはできない。しかし米国の望むとおりに、国内に無期限に軍事基地を提供しており、この基地のおかげで、米国はアジアで活動しやすくなっている。日米同盟は決して片務的ではなく、双務的（双方にメリット）であるのだ。

さらに、子ブッシュ大統領の2005年10月29日に、日本の外務大臣、防衛庁長官と、米国の国務長官、国防長官は「日米同盟：未来のための変革と再編」という文書に署名した。この書面では、「日米同盟は世界における課題に効果的に対処するうえで、重要な役割を果たしている」と明記され、日米安全保障協力の対象が「極東から世界」に拡大された（孫崎享、前掲書）。

だからといって、自衛隊が米軍にフォローして「極東から世界」へ飛躍することは、日本の憲法第9条で禁止されている。日本政府が、どこまで主権を主張できるかが問題である。

第2章

改革開放で台頭する中国と新自由主義で凋落する米国

1 国交回復前から米国へ接近した中国

中ソ対立と米中の思惑

ソ連邦の第一書記ニキータ・フルシチョフと中国の国家主席・毛沢東との対立によって、両国関係は険悪になり、1969年には中国東北部のウスリー江のダマンスキー島で武力衝突が発生した。そこで当時の中国はソ連邦と敵対関係にある米国に接近して米国を味方につけ、フルシチョフによる中国包囲網を回避しようと考えていた。

中国は米国の要職にスパイを送り込んで機密情報を盗み取り、水面下で米国に接触して、「ソ連邦はならず者だ。一緒になってつぶそう」と説得していたという（マイケル・ピルズベリー『China 2049』日経BP社、2015年）。

これが周恩来のニクソン訪中招待の背景である。ニクソンも「ソ連邦との緊張を緩和することが対ソ外交上有利である」と判断して、中国の招待を受け入れたのだ。

同時に米国の経済界では、中国という強大な市場を手に入れたいという要望が強く、これがきっかけで米中関係が大きく進展した。米国の中国承認後には、貿易関係は飛躍的に拡大した。

鄧小平の改革開放と「韜光養晦」外交

毛沢東の死亡（1976年）とともに文化大革命（毛沢東が資本主義的要因を中国から一掃しようと試みた一大運動）が収束し、1978年12月に鄧小平が実権を握ると、改革開放と呼ばれる経済改革を始めた。

同時に鄧小平は、外交政策では「韜光養晦《とうこうようかい》」政策というスローガンを掲げた。これは、「経済が成長しても覇権を求めない」「自らの力を隠し蓄える」といった意味で、このスローガンは「韜光養晦、有所作為」と続く。自身の能力は対外的にできるだけ隠しつつ、取るべきものは取るという方針であった。

鄧小平理論と呼ばれるこの考えは、「政治体制は共産主義による一党独裁を堅持しつつも、市場経済導入などの経済開放体制をとり、中国経済の近代化を進める」ものであった。これは中国型社会主義と呼ばれる方式で、経済の改革と発展を最優先した大改革運動である。

1980年代のソ連邦で、ゴルバチョフ書記長によるペレストロイカと呼ばれる大改革を実行し始めたときには、政治活動の自由も認める方針をとったために、国内の混乱を招き、ソ連邦崩壊に発展した。これに反して、鄧小平は政治活動の自由を認めず、共産党独裁を継続していたのである。

鄧小平の最初の「改革」は、1978年から1992年の15年間に行われた「市場経済への移行」であった。この基本的な考えは、これまでとってきた絶対平等主義をやめて人民公社を廃止し、市場経済体制を取り入れるもので、「先に豊かになれる条件を備えたところから豊かになり、その影響が広がって、ほかも豊かになればよい」（先富論）という考えであった。

１９７８年10月に鄧小平は、戦後の中国指導者として初めて日本を公式訪問した。形式は日中平和友好条約の批准書交換セレモニーであったが、８日間も滞在して、各党の政治家の話を聞き、新日鉄、松下電器産業、日産自動車の工場を見学した。鄧小平は「日本の進んだ生産と管理の経験を中国に紹介してほしい」「同じような工場を中国につくってほしい」と述べ、この話がその後の上海宝山鋼鉄総廠での日中協力など、多くの日系企業の中国進出につながったのである。

農村では、経営自主権を保証して生産責任制にし、農民の生産意欲向上を目指した。都市部では外資の導入が奨励されて、資本と技術の取り入れが進んだ。上海、天津、広州、大連などの沿岸部諸都市に経済技術開発区（特区）が設置され、華僑や日米欧からの投資を引き出すとともに、企業の経営自主権を認め、資本主義的生産方式を認めたのである。

鄧小平は、率直に中国が後れを取っていることを認め、海外からの資本と技術の導入によって中国経済を成長させ、「20世紀末までに世界の水準に迫る近代化を目指す」ことにした。この時期の最大の成果は「価格の自由化に終始したことである」と言われている（北京大学・張維迎教授）。

１９８０年代後半から中国には主要国からの外資導入が進み、中国経済は「世界の工場」と呼ばれるまでに成長した。とくに米国は中国へ自国の市場を積極的に開放し、中国の対米輸出は大幅に増加した。この間、１９８９年に天安門事件が発生し、改革開放は一時中止されたが、１９９２年以降は再び改革開放政策が進められ、社会主義市場経済として経済成長が進んだ。ソ連邦崩壊後の１９９０年代には、クリントン大統領（民主党）の中国支援政策で躍進したのである。

2
新自由主義で凋落し債務国に転落した米国

レーガン大統領の新自由主義革命

１９７０年代後半の米国は、ベトナム戦争に費やした多額の戦費と石油危機の後遺症から経済が疲弊し、高いインフレ率と失業率に悩んでいた。こうしたときに、１９８１年１月に就任したドナルド・レーガン大統領（共和党）は新自由主義の理念を経済政策の骨子とした。

新自由主義（Neo Liberalism）というイデオロギーは、ミルトン・フリードマン（１９１２〜２００６年、シカゴ大学教授、ノーベル経済学賞受賞）という経済学者が提唱した考え方で、３つの骨子から成り立っている。

第１は「市場万能主義」で、「自由な市場には、価格機能によって資源の最適配分ができるようになるから、自由市場が富を最も効果的に配分する」「その目的を貫徹するために経済活動を可能な限り自由にすべきである」と主張し、ここから「自由化」「規制緩和」という政策が出てくる。

第2は「小さい政府」という考えで、市場万能主義を実現するためには、政府機能を縮小して「小さい政府」にし、累進課税をやめて富裕層に対して減税を行い、社会保障制度を廃止すればよいとする。そうなれば富裕層に富が集中するので、富裕層がその富を消費したり投資したりすることで、経済が成長して国家が栄えると考えた。この理由づけのために、「トリクルダウン」という理論をつくり上げている。

「トリクルダウン」とは「滴り落ちる」という意味で、「経済政策は所得を再配分することではなく、所得を創造するためにあるべきだ。そのために、富裕層と大企業に富を集中すれば、彼らが消費や投資をするので、中間層以下の人々は〝おこぼれを頂戴できる〟」という理論である。

さらに、富裕層を有利にするためには累進課税を引き下げる必要があり、フリードマンは「フラット税制」を提唱した。「フラット税制」とは、「所得の高低に関係なく、税率は一律（例えば10％）であることが望ましい」というもので、累進課税を否定して、所得税の最高税率を引き下げるための理由づけになっている。したがって、この税制を実現していけば、富裕層と大企業の税負担が減り、低所得者と中小企業の税負担は増えるから、当然、貧富の所得格差は拡大していく。

新自由主義者は、「国民はすべて自己責任で生活すべきである」と主張して、社会保障制度を否定し、政府の医療費補助などを拒否している。

第3は「金融万能主義（マネタリズム）」という考えだ。これは、「経済成長政策としては金融政策だけで行うべきであり、財政政策を使うべきではない」という主張である。「小さい政府」にするために税率を下げて富裕層にマネーを渡し、税収が減少した政府は国債を発行して不足分を調達することになるので、金融市場が活性化し、株と債券のマネーゲームで経済を活性化すればよいという理論である。同時に、この理論は、財政支出による景気振興策や社会的インフラ投資を否定する。

レーガンは、①「小さい政府」にするために社会福祉関連予算の削減、「強いアメリカ」をつくるために軍事費の増額、所得税の最高税率の引き下げを行った。②政府の規制を大幅に縮小し、とくに環境問題などの社会的規制を撤廃した。さらに、③金融規制を緩和して、安定的な金融政策を実現するという政策をとった。これらの政策が「レーガノミックス」と称せられ、戦後の福祉型資本主義を破壊し、富裕層中心の新自由主義型資本主義へと移行する歴史的な政策転換であった。

レーガン政権直前のカーター大統領時代には、個人所得税は14～70%、法人税は最高税率46%であったが、レーガンは個人所得税の最高税率70%を徐々に下げ、政権の第２期（１９８５年以降）には28%まで引き下げた。法人税は46%から34%まで引き下げたうえで、減価償却期間の短縮化など、実質的に法人税負担の大幅な軽減を実行した。

「減税すれば経済が活性化して税収が増える」というのが新自由主義者のスローガンであったが、

実態はまったく逆で、税収は激減し、1985年に米国は債務国へ転落してしまった。

これこそ、今日に至る米国の最大の失敗であり、新自由主義政策を採用したことが米国の凋落を招いたのである。

国富は99％の国民から1％の富裕層へ集中

その後、三十数年経過した現在で見ると、米国は財政赤字と貿易赤字が拡大して累積債務が増加し、富裕層への減税で国民の所得格差が著しく広がり、社会的な混乱を招いている。

新自由主義政策の根幹をなす「トリクルダウン」という理論は、「実証性に乏しい政治的スローガンにすぎない」（ジュセフ・スティグリッツ、コロンビア大学教授、ノーベル経済学賞受賞）ことが確認されており、新自由主義政策は「99％の国民の富を1％の富裕層に集中する」政策であった（図表2‐1「新自由主義で所得格差が拡大」参照）。


この図表でわかるのは、過去30年間で、所得の増加率が消費者物価の上昇率を上回ったのは、なんと「国民の1％だけ」だったことだ。企業法人についても、大企業に利益が集中し、米国ではあらゆる面で格差が拡大し、社会不安が広まった。これこそ、新自由主義の結末である（拙著『新自由主義の自滅』文春新書、2015年）。

図表2-1　新自由主義で所得格差が拡大

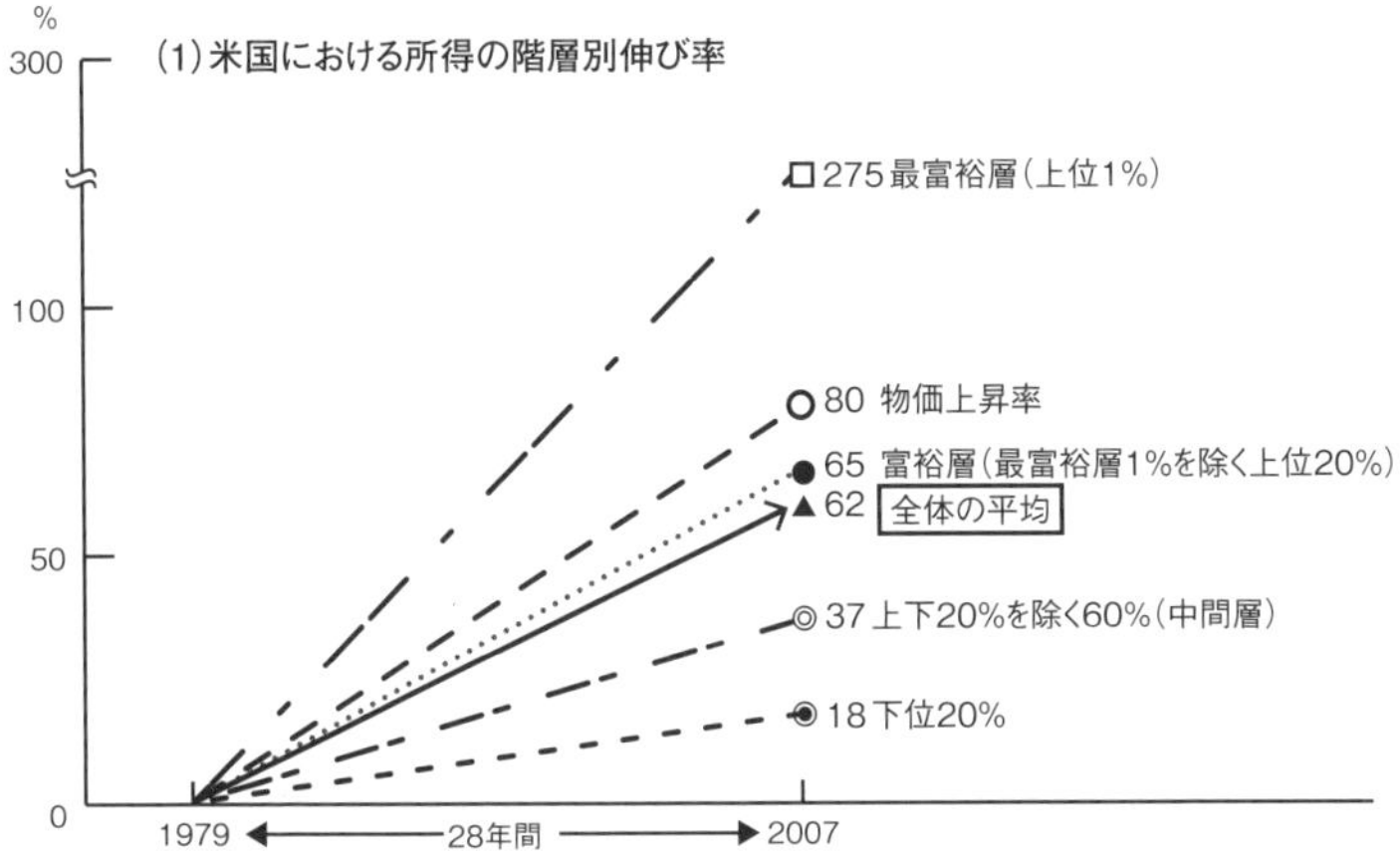

この28年間で物価上昇率(インフレ率)は約80%
① 所得の全体の平均の伸びが62%、平均値の所得では物価上昇80%を下回っている
② 物価上昇率を上回っているのは、「最富裕層(上位1%)」だけ。
「富裕層(最富裕層1%を除く上位20%)」ですら所得の伸び率は65%、インフレ率80%を下回る
③ 中間層(上下2割を除く6割の層)の所得上昇率は37%にすぎず、まさに中間層の没落
下位の20%は28年間でわずか18%(子ブッシュ大統領のとき、最低賃金が8年間も据え置き)
まさに「1%の富裕層にしかマネーは回ってこない」

(出所) 米国議会予算局の資料より著者作成

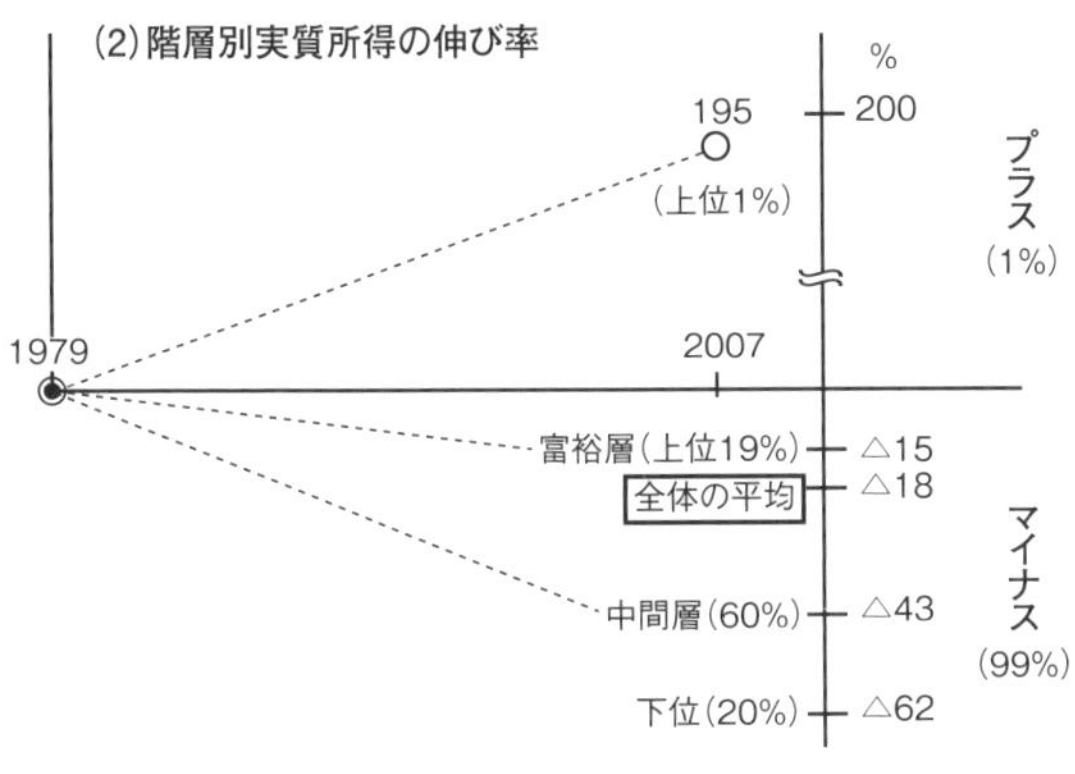

3

米国の政策が中国躍進を後押しする

米国の企業は中国にサプライチェーンを設置

改革開放を旗印にして米国企業の中国招請に努めていた鄧小平にとって、レーガン政策は渡りに船であった。レーガンは新自由主義の理念に基づいて、規制緩和、大規模な減税（法人税と所得税）、高金利政策、ドル高政策をとったために、米国の製造業は輸出採算が厳しくなり、生産拠点を低賃金国へ移さざるをえなくなった。賃金の低い中国にアジア地域のサプライチェーンの最終工場（部品を近隣諸国から集中して完成品に組み立てる工場）を建設するようになっていった。

中国で生産するためには、部品を近隣諸国（日本、台湾、韓国、その他の主としてアジア諸国）から中国に集め（中国の輸入）、中国が最終工程として付加価値をつけて完成品に仕上げ、米国などの最終消費地へ輸出する（図表2‐2「中国を中心とするサプライチェーン」参照）。こうなれば、当然、米国の対中国の貿易収支は赤字になる。

このプロセスから、中国の完成品の価格には、近隣諸国からの部品の輸入価格と中国で付加価値をつけるための生産コスト（人件費、その他経費、中国の利益）が含まれており、米国の対中

図表2-2　中国を中心とするサプライチェーン

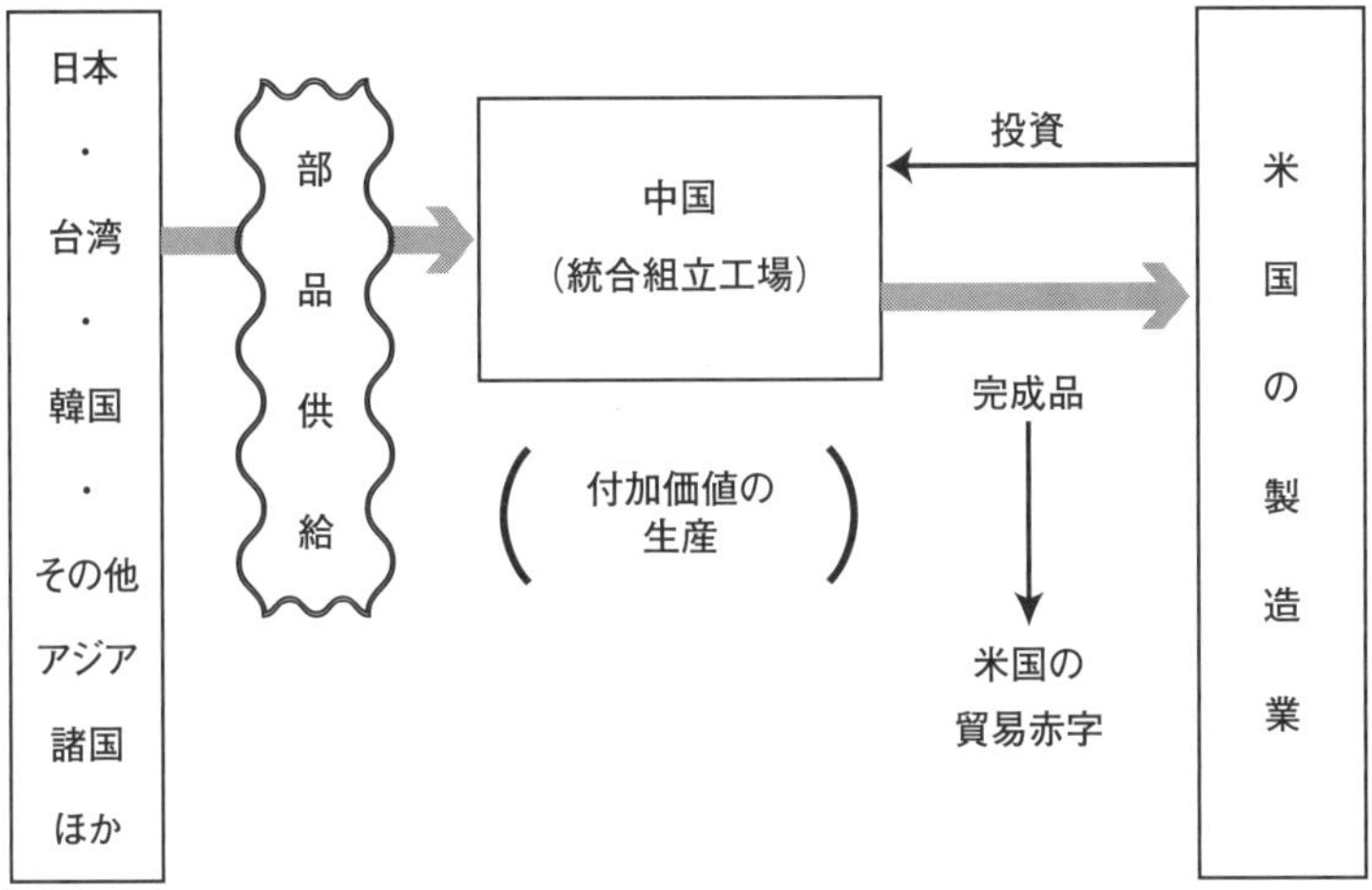

赤字は、実質的に、中国の対日本・台湾・韓国への貿易赤字の移転であることがわかる。

経済協力開発機構（ＯＥＣＤ）が公表している「付加価値貿易」のデータによれば、２０１１年の数字で、中国の対米貿易黒字２７５３億ドルのうち「付加価値貿易」部分は１７９４億ドル（黒字額の65％）になる（みずほ総合研究所発行「みずほインサイト」２０１７年４月６日による）。最近の数字では、２０１７年の中国の対米輸出黒字額（３７４２億ドル）の65％に当たる２４３２億ドルが中国自身によって付加した価値であり、米国の製造業がサプライチェーンの生産工程を中国へシフトさせた結果、米国の対中輸入となって、米国に跳ね返っているのだ。

当然、この赤字額に相当する雇用が米国から中国に移り、生産技術も中国へ流れている。サプライチェーンは、レーガンが採用した新自由主義政策によって、米国が中国に設置した生産工場である。その三十数年後の２０１７年に就任したトランプ大統領は、サプライチェーンで製造した完成品に関税を課して、サプライチェーンを潰す政策をとっている。

トランプは新自由主義によって貿易赤字が増加し、国内の雇用が奪われたことへの反発として選ばれた大統領であり、皮肉な歴史的輪廻《りんね》と言えよう。

米国は中国のＷＴＯ加盟を支援、中国は多額の米国債を保有

冷戦終了後の初めての大統領選挙で当選し、１９９３年１月に就任したビル・クリントン大統領（民主党）の対外政策は、第１に、冷戦中に富を蓄積した日本と東アジア諸国から、その富を米国へ還流させる戦略をとることであった。

日本には１９９４年から対日年次要望書を送付して、新自由主義による構造改革を要求し、日本を長期デフレに追い込んだ。日本の経済成長を抑制させ、日本国民の預貯金が米国債に向かうように仕向けさせることが目的であった（第３章参照）。さらに、東アジア諸国に対しては、規制緩和、金融自由化を要求し、市場操作を通じて金融危機を起こして、当該諸国に蓄積された富を米国へ還流させる政策をとった。これが１９８７年から１９９１年の東アジア通貨危機である。

第２に、人口の多い中国を国際社会の中核に引き込めば、世界経済を活性化させることができるとの考えから、米国は中国のＷＴＯ（世界貿易機関）加盟を強く推薦した。当時の中国首脳に

対して、「遅れている中国を助けてやれば、やがて民主的で平和な大国になる。決して世界支配を目論むような野望を持つことはない」と米国は判断していたのである。

第二次世界大戦後の1947年にジュネーブでGATT（関税および貿易に関する一般協定）が設立され、自由貿易を促進する国際的機構として活動してきたが、1995年に米国がGATTを発展的に解消してWTOに組織替えをした。WTOは、新自由主義的な理念をベースに取り入れ、物的貿易だけでなく、金融、情報通信、知的財産権、サービス貿易も含めた国際通商ルールを協議する場となったのである。そこでクリントンは、中国のWTO加盟を積極的に支援し、2001年に中国は最恵国待遇でWTOに加入した。

米中間の貿易を見ると、WTO加盟で中国の貿易量は飛躍的に増加した。とくに米国は門戸を開放して中国製品の輸入を歓迎し、貿易で得られた中国のドルをウォール街に引き込み、株式や債券への投資に誘引し、米国の金融関係者は多額の利益を受けた。こうして米国の貿易収支赤字の半分を占めるのが中国になっている。

中国は輸出で得たドルを米国債に投資しており、中国の米国債保有額は1・1兆ドル（米国財務省発表、2019年5月）である。この金額で見ると、中国の米国債保有残高は米国債の海外保有分の20％を超える額に達している。米国債の中国保有分が多い状況は、米国にとって安全保障上の見地から懸念されている。さらに中国は、海外の投資信託ファンド名義で米国債を保有しているのではないかと見られており、米国財務省の発表以上に保有しているという見方もある。

「一極覇権主義」の暴走で凋落する米国

ソ連邦崩壊によって、世界の単独覇権国家になった米国の理念は、新自由主義（グローバリズム）であった。政治的には自由主義、民主主義、法の支配、経済面では新自由主義・規制緩和をベースとする市場原理主義であり、こうした価値観に基づく世界秩序の形成を目論んだ。

米国は、ＷＴＯ、ＩＭＦ、世界銀行という3つの国際機関によって、ワシントン・コンセンサス（米国の新自由主義による世界制覇の理念、21世紀の帝国主義）を具体的に進めた。新自由主義は「1％の富裕層と大企業に国の富を集中させようとする米国の世界戦略」であって、グローバル化（ヒト、モノ、カネの自由な流れ）から必然的に生まれてくるものではない。

21世紀に入って、２００1年に勃発した9・11同時多発テロを契機として、子ブッシュ大統領は「テロとの戦い」を掲げてイラクに宣戦布告し、さらに中東の民主化による新たな国づくりという理想的な政策を掲げたが、実態は軍事支出を歓迎する軍事産業の利益を伸ばすだけであった。イラクに次いでアフガニスタンへも軍事介入したが、いずれも大失敗に終わり、国家として6兆ドル（米国のブラウン大学の調査）を失ったと言われている。

さらに経済面では、超金融緩和でバブルを起こし、２００8年には株価の大暴落でリーマンショックを起こして、官民ともに債務が激増し、米国の経済力は一段と弱体化してしまった。

米国は世界の警察官ではない、中国と覇権争いが始まる

２０１３年９月10日、米国のオバマ大統領はホワイトハウスから国民に向けて演説し、「米国はもはや世界の警察官ではない」と述べた。こうした発言は米国の大統領として初めてのことであった。このように述べたのは、米国の対外債務が激増し、財政的に限度に達しているうえに、国民の過半数が対外派兵に批判的だったからだ。

さらに英国でも、「シリアへのいかなる軍事介入にも世界の警察官として参加しない」と下院が決めていた。

米国は中国の経済成長を支援する代わりに、米国が圧倒的に優位に立つ太平洋の覇権を中国に認めさせようとしていた。ところが、経済大国として大きく成長してきた中国は、軍事大国に成長し、西太平洋の覇権を主張するようになってきた。そして、中国は否定するが、南シナ海のスプラトリー諸島（国際司法裁判所でフィリピン領と判定）を埋め立てて、軍事基地にしてしまった。

オバマ大統領は、２０１７年１月の最後の一般教書演説で、大統領が誰になろうとも、米国が解決しなければならない４つの課題があると述べた。それは、「国民に公平な機会と安心感をもたらす経済の実現」「世界の警察官にならず、米国の安全を保ち、指導力も維持する」「気候変動への対抗」「政治改革」である。これこそトランプ大統領への引き継ぎである。

4 中国の戦略は何だったのか

元米国CIA幹部の反省

中国が急速に経済力をつけ、2010年には米国に次いで世界第2位の経済大国に発展してきたこと、米国債を大量に保有して対米発言権を強めてきたこと、東アジアの海洋覇権を米国と争うようになってきたことなどは、鄧小平が米国に経済援助を懇請してきた頃には、想像もしなかったことであろう。

鄧小平は、「韜光養晦」外交というスローガンで行動してきた。なぜ、中国がこんなに早く経済大国になったのか。そして米国と東アジアで覇権争いをするまでに成長したのか。中国は何を目指しているのか。

米国のCIA（中央情報局）で中国関係の調査に従事していたマイケル・ピルズベリーは、前掲の著書（『China 2049』）で、「中国は秘密裏に中華人民共和国が建国された1949年から100年後の2049年に世界覇権を目指している」と警告している。同氏はCIA勤務のときから対中諜報《ちょうほう》活動に従事し、中国の内部情報を収集してきた人物である。彼によれば、中国は２０４９年に世界の覇権国家になるように「１００年マラソン」戦略を持っており、１９７９年の米国の中国との国交正常化以来、米国が中国を支援してきたことは失敗であったと反省している。彼の見解を要約すると次のとおりである。

「私は対中諜報活動に失敗して、中国という国を見誤ってしまった」

「朝鮮戦争では米国に敵対した中国であるが、１９７２年のニクソンの訪中以来、遅れている中国を助けてやれば、やがて民主的で平和な大国になる。決して、世界支配を目論むような野望を持つことはない、と米国の対中政策決定者に信じ込ませてしまった。しかし、彼らの本当の戦略は違っており、中華人民共和国建国から１００年に当たる２０４９年に世界に君臨する〝覇〟を目指している」

「つまり、私自身を含めて米国は、相手を過小評価してしまった。それまで蓄積されてきた反米感情を正しく把握できなかったというしかない。中国とソ連邦の関係が、１９５３年以降悪化し、１９６０年以降になると国境地方で緊張感が高まっていた。そうした状況から、中国は米国寄りだと思ったところが間違いだった」

「中国のタカ派は、国家戦略を古典的な『資治通鑑《しじつがん》』を通して研究しており、知識だけでなく実践的に積み上げている」

「毛沢東が１９３４～36年、国民党と交戦しながら延安に向かった、あの長征に抱えていたのが

〝資治通鑑〟だ。しかも生涯を通じて愛読している。これは戦国時代（紀元前403〜同221年）の兵法の指南書で、その骨子は『相手の力を利用して、自分の勝利に結びつける戦法』といっていい。戦国時代を統一した秦にしても、最初は〝同盟を結びたい〟と相手に持ちかけ、それ以外の国を一つずつ倒し、最後は同盟国を裏切って勝者になったのである」

「中国は、こうした洗礼をしっかりと現代の外交に生かしてきた。ソ連邦と米国を反目させることは、その好例と言えよう。米ソと比べ国力が劣る中国は、自らの戦略を見直し、米国とソ連邦がデタント（緊張緩和）であったにもかかわらず、〝ソ連邦はならずもの国家なので一緒に戦おう〟と近づいてきた。超大国2つを競わせながら、一方で米国から経済的、技術的援助を受けるという〝漁夫の利〟を狙った、実にしたたかなやり方だ」

米国は何を見誤ったのか

現在でもCIA顧問であるこの人物は、中国首脳の本心が、自分が考えていたものとはまったく違う方向であることを知って、愕然《がくぜん》としてこの本を執筆した。彼の見誤りの根拠はどこにあるのか。私の見方は次のとおりである。

①第1に、「遅れている中国を助けてやれば、やがて民主的で平和な大国になる。決して、世界支配を目論むような野望を持つことはない」という点にある。中国は共産主義の一党独裁国家

であり、「やがて民主的で平和な大国になる」という見方は、共産党が国民党と戦った事実から見て、甘かったと言えよう。しかし中国が、未来永劫に一党独裁国家であるという保証はどこにもないことを考えれば、われわれ民主主義国家は民主主義的な対応で中国を刺激し、民主化を進める政策が必要であろう。ソ連邦の崩壊を見れば、共産主義中国の崩壊もありうることだ。

さらに米国には、現在でも日本不信感が根強く（その根拠は〝騙し討ちにあった真珠湾攻撃〟）、キッシンジャーをはじめ米国の要人は「将来の米国の友人は日本ではなく中国だ」という識者が多いために、米国は中国を積極的に支援してきたのだ。現在でも米国には「日本は危険な民族だ」という見方が根強くあることは事実であり、２０１７年11月に、大統領就任後に初めて来日したトランプが、まずハワイに立ち寄って、ツイッターで「リメンバー・パールハーバー」と内外に発信したのは、日本不信の表れである。

②次に、予想以上に米国の凋落が早かったことが挙げられる。

米国の凋落を早めたのは、１９８１年のレーガンが採用した新自由主義政策である。さらに２００１年からの子ブッシュ時代に、新自由主義の対外進出である戦争（対アフガニスタン、イラク）を仕掛けて国家として６兆ドルを失い、２００８年のリーマンショックでは経済的な威信と信用を失ってしまった。米国は、対外債務残高が累増して、国家が弱体化し、社会が混乱してしまったのである。

しかし、米国の軍事産業には多くの利益が流れ、「1%」の富裕層には富が蓄積された。一方、残りの「99%」は一段と貧しくなり、国家が分裂状況になっている。

この間、中国は、米国への輸出を中心として外貨を蓄積し、対外債権国になった。そのうえ、中国が多額の米国債を保有して、米国の行動を左右しかねない状況がくるとは想像できなかったであろう。まさに新自由主義の自滅である。

③第3として、鄧小平は「韜光養晦」外交というスローガンを掲げていたが、中国が経済力をつけてくると、覇権を求める動きになっていった。中国が東シナ海のシーレーン（船舶の海路）の覇権を握ろうとしてつくったのがスプラトリー諸島の人工島であり、米中の覇権争いが具体化している。

米中は戦争しない、戦争できない（代理戦争はありうる）

以上の分析と情報から見て、私は、米国と中国は相互に「戦争しない、戦争できない」と確信している。次の3点がその理由である。

①相互の経済社会に貿易取引が食い込んでおり、それを破壊することは経済の破壊になる。中国は国債の最大の保有者として、米国の重しになっているので、米国はとても中国とは戦争でき

ない。さらに中国では、政府も民間も対外資産の運用はドルが中心であり、戦争となれば、市場は機能不全になり、国際的にも大混乱になる。中国は多額の米国債を保有しているだけでなく、外貨準備金３兆ドル（米国債１・１兆ドルを含む）の多くをウォール街で運用している。経済的に米国と中国は切っても切れない関係にある。

②米国は国際通貨ドルの決済機構を持っているので、戦争になると、中国のドル決済をすべて阻止できる。

③核兵器を保有する両国が直接戦うことはありえない。しかし、代理戦争はありうるので、米国と同盟関係にある日本は、対中外交を慎重に進めることが重要である。

第3章

冷戦終了でさらに強化された「日本経済封じ込め」

1 日本の銀行活動の「封じ込め」

米国による日本経済の大改造

１９８１年に就任した米国のレーガン大統領は新自由主義の理念を政策の根幹に据えていたので、この理念を日本にも採用させようと考え、日本の銀行にも欧米流のルールを適用させようとした。具体的には、国鉄や電電公社の民営化、金融規制の緩和、金利の自由化、日本の銀行の「国際活動の封じ込め」を求めてきた。

冷戦終了後の１９９３年に就任した米国のクリントン大統領は、米国内にあった「日本脅威論」と、キッシンジャーと周恩来の「日本封じ込め」の申し合わせに従って、１９９４年から日本に「対日年次要望書」(Annual Reform Recommendations) を送り、日本経済の改造を要請してきた。この年次要望書に従って、日本経済の改革を進めたのが小泉構造改革である。

自己資本比率規制の導入

１９８０年代の日本の大手銀行は、海外進出を大きな戦略に掲げ、金利の低い円資金を武器に、大規模な融資を展開し始めた。「これでは金融秩序を乱す」として異論を唱えた欧米の銀行筋は、「欧米の銀行は自己資本が10％以上あるのに、日本の国際銀行は自己資本比率が６％くらいしかない。これでは銀行経営上、〝健全性〟に疑問がある」と指摘してきた。

そこで欧米各国の金融首脳（日本は大蔵省、現財務省）がスイスのバーゼルにある国際決済銀行（Bank for International Settlements：ＢＩＳ）に集まり、１９８８年7月に、バーゼル・アコードと呼ばれる合意を結んだ。正式の名称は、「自己資本の測定と基準に関する国際的統一化」であり、通称「ＢＩＳ規制」と呼ばれている。

合意内容は、「国際市場で活動する銀行は、資産に占める自己資本を８％以上保有しなければならない」という国際ルールである。

ここに至る経緯を見ると、欧米諸国は「自己資本の中身はすべて払い込みの資金と積立済みの資金であるべきで、この基準で見て自己資本比率は10％に達している」と主張した。しかし、日本の大手銀行の自己資本を欧米流の基準で測定すると、約６％にすぎない。そこで妥協案として「自己資本比率は８％以上保持すること」とし、日本のために「自己資本のなかに有価証券の含み益を45％まで算入してもよい」ということになった。しかし、この妥協案が１９９７〜１９９９年の金融危機を招いたのである。

バーゼル・アコードは１９９２年から実施されることになり、その後、ＢＩＳ規制はたびたび改善され、資産内容に応じてウエイトをつけて軽重を考慮したり、信用リスクと市場リスクを分けて資産を計算したりして、より厳密な資産査定がなされ、現在でも銀行の資産の健全化の見地から、改善努力がなされている。

この自己資本比率規制によって、日本の大手銀行の対外活動は大幅に抑制されることになった。

2 冷戦終了後の最大の脅威は日本の経済力

クリントン大統領の新しい戦略

米国の父ブッシュ大統領とソ連邦のゴルバチョフ最高会議議長兼共産党書記長とのマルタ会談（1989年）で、冷戦を終結させようと話し合った。これを契機に、東西陣営では平和への期待が広がった。同時に米国は、新しい世界戦略を考える時代に入っていた。

1989年8月7日のニューズウィーク誌の世論調査によれば、「米国に対する将来の脅威として、ソ連邦と日本と、どちらが脅威か」という設問に対して、「日本の経済力の脅威が68％、ソ連邦の軍事的脅威は22％」という回答であった。ソ連邦は1991年に崩壊したので、米国にとっての最大の脅威は日本の経済力であり、この脅威への対抗策が米国の戦略であった。

1993年1月に冷戦終了後の米国で最初の大統領に就任したクリントン（民主党）は、冷戦で疲弊したうえ、新自由主義で債務国に転落してしまった米国を救うために、内外両面で新しい戦略を打ち出した。

レーガン時代に主要産業が海外に流失したことで生じた雇用の減少を補うために、内政面では財政支出で国内のインフラ分野に公共投資を集中して内需を喚起する政策をとった（拙著『新自由主義の自滅』文春新書、第8章参照）。この財政支出を支えるために金融市場の活性化に努め、財政主導・金融フォローの政策が実って、大統領就任後6年目に財政赤字を解消して黒字化に成功したのである。

さらにウォール街の金融市場（株式と債券市場）を活性化させて内外からマネーを集め、雇用機会を増加させ、アジア諸国、とりわけ日本には規制緩和と対外投資を促した。

対外政策としては、冷戦で漁夫の利を得て富を蓄積した日本を封じ込め、中国を国際社会の中核に成長させる戦略をとった。1994年には中国政府の強い要望を受け入れて、それまで1ドルが5・72人民元の対ドル為替相場を一挙に60%切り下げて、1ドルを8・72元にすることを承認し、中国の輸出競争力を強化させたのである。

「クリントン大統領は中国と協力して日本を経済的な二流国家に貶めようと考えていた」（日高義樹・元NHK北米総局長）という意見すら出ていた。さらに1993年からベンツェン財務長官の主導の下で円高を強力に進めるとともに、「スーパー301条」に基づく市場開放を要求してきた。
クリントンの対日政策のベースには、1971年のキッシンジャー・周恩来会談での「日本封じ込め」の合意事項と、当時の米国に渦巻いていた日本脅威論があった。周恩来が「日本は経済成長し、軍事費も増やしており、危険な存在になっている」という趣旨の発言をしたことに対して、キッシンジャーは「日本に経済力をつけさせたのは失敗だった。反省している」と発言しているように、日本の経済力を抑制させようとする米国の意図は脈々と続いていたのである。

対日年次要望書を送付（米国は公開、日本は非公開）

1993年7月の日米首脳会談で、クリントンは宮沢首相に「明年から毎年、経済面での要望を相互に交換しようではないか」と提案したが、宮沢首相は当初は拒否した。しかし、やむなく受諾し、1994年の村山内閣のときから、米国は「日米規制改革および競争政策イニシアティブにもとづく要望書」（通称「年次改革要望書」）を日本に送るようになった。こうして、日本を米国型の市場経済に変革させようとする日本改造計画が始まったのである。

要求内容は、新自由主義・市場原理主義に基づいて日本を改造し、日本にデフレ政策をとらせて国富を日本のためには使わせずに、米国に吸い上げるシステムをつくり上げるものであった（「日本財布論」）。この要望書の中身は、大別して、①金融自由化（規制緩和）、②小さい政府、③労働法改訂、④外資参入をしやすくするための規制緩和（商法改訂）、⑤日本の社会構造を米国型にする（司法制度の改革）、⑥医療改革、⑦郵政民営化である。

この要望書は外交文書であるので、米国は在日大使館のホームページに掲載して公開し、さらに日本記者クラブでブリーフィング（概略の説明）までしていた。しかし、奇妙なことに、日本政府と大マスコミ（全国紙、ＮＨＫ、主要民放テレビ）は、一切公表しなかったのである。

この文書の存在を政府が認めたのは、２００９年2月5日の衆議院予算委員会で、国民新党の下地幹夫議員がこの文書の存在の有無を質問したところ、当時の麻生太郎首相と中曽根弘文外相が認めたときである。しかし、大マスコミはほとんど報じなかったので、現在でも、多くの日本国民はこの文書の存在を知らないであろう。

この「対日年次要望書」は２００９年に鳩山民主党連立政権になって廃止されるまで、実に15年間も継続した。しかし、その後は、在日米国商工会議所から日本政府宛ての要望書などの形で、米国の意向が日本政府に伝えられていると思われる。

この「年次要望書」は英語では、Annual Reform Recommendations であって、本来は米国政府の「毎年の日本政府に対する勧告書」と訳すのが正確な日本語である。この文書の邦訳は外務省によって「要望書」とされているが、内容は「勧告書」よりも強い「要求」である。この存在を明らかにしたのが、関岡英之氏の『拒否できない日本』（文春新書、２００４年）であった。

これほど重要な公文書が実に10年以上も日本国民に知らされることなく、米国の要望に従って、日本政府が日本の改造計画を進めていたのだ。実に驚くべき事実である。この要望書の存在が明らかになったとき、騙されていた与党・自民党の政治家の多くが驚嘆し、２００５年の郵政民営化法案が参議院で否決されたのである。

新自由主義による日本国民の洗脳

米国の日本改造計画の根底には、政治家、官僚、経済人、学者、マスコミを新自由主義で洗脳し、日本を米国型の経済社会に変質させる狙いがあった。対日年次要望書のベースにある考えは、新自由主義イデオロギー（国家の富を国民の１％である富裕層と大企業に集中すれば国民は幸福になれる）であり、その経済政策の根幹をなすものは「市場原理主義」である。

１９９０年代からの日本では、米国で新自由主義経済学を学んだ経済学者が、自らを「主流派経済学者」と称し（「主流」と言われる根拠も評価もない）、マスコミを闊歩《かっぽ》するようになった。

さらに、日本の国家をしっかりと支えてきたのは官僚機構であるから、米国は各省の官僚首脳に接近して、情報を入手することが必要であった。そこでＣＩＡ（Central Intelligence Agency：米国中央情報局）を活用して政府官邸から情報を取ることに努めた。ニューヨークタイムスの記者であるティム・ワイナー（Tim Weiner）が書いた『ＣＩＡ秘録』（文春文庫、

２０１１年）によれば、「新しい経済スパイ工作の第一の標的になるのは日本だった」（１９９２年の話）。当時の日米自動車交渉や農産物交渉では、事前に日本の内情を知ることが重要であり、ＣＩＡ職員は「われわれが国家安全保障の防衛面で汚い手を使う意思があるのならば、経済面で汚い手を使えないという理由はないのではないか」（掲題の著書から引用）と主張していた。つまり、情報を取るにあたっては、「汚い手」を使ってでも、「経済的な安全保障のためのスパイ」活動をしてもよいということを公言していた。こうしてＣＩＡの職員は、日本の首相側近まで入り込み、機密情報は直接、大統領に送られていた。

対日年次要望書による米国の要望は極めて細かく、日本の内情をよく知っていなければ、とてもわからない内容の要求が多く、日本国内に米国への協力者がいることが窺《うかが》われる。米国は日本の大マスコミのなかに、「米国と特別な関係を持つ人々を育成してきた」と言われている（元外務省国際情報局長、孫崎享氏）。日本のＣＩＡ協力者や新自由主義を信奉する学者が、具体的な改革案を米国に伝え、米国がそれを日本政府に要求してくる仕組みになっていた。さらに、こうした新自由主義経済学者がマスコミに登場して「改革、改革」「改革なくして成長なし」と叫んで、世論を洗脳していたのである。

しかし、１９９７年から１９９８年にかけて発生した金融危機に際して、彼らは危機の本質を理解できず、金融危機を拡大させてしまったのだ。

3 緊縮財政法案が金融危機を引き起こす

金融自由化（金融ビッグバン）

1996年1月に就任した橋本龍太郎首相は、米国から早期実現の要望が強かった「金融改革」（自由化）を6大改革の1つに位置づけ、11月1日に「金融ビッグバン」構想を発表し、2001年までに実行するよう関係閣僚に指示した。

「金融ビッグバン」の「基本3原則」は、**自由（FREE）**：市場原理が機能する自由な市場、**公平（FAIR）**：透明で信頼できる市場、**グローバル（GLOBAL）**：国際的で時代を先取りする市場である。

具体的な施策として、①外国管理法の改正（原則自由、例外のみ規制）、②銀行と証券、生保と損保の相互乗り入れ、③手数料の自由化、④証券総合口座の解禁が具体的に実行された。こうして金融市場、株式市場が自由化されてグローバル化が進み、海外からの資金の流出入が活発になり、とくに株式市場が活性化した。

財政均衡法案の閣議決定後に外資による日本株売り

１９８５年以降の日本では、日本銀行が金融緩和を進めて低金利政策をとり、金融機関から融資を受けて土地や株を買う投機的な投資活動が企業と個人の間で横行し、経済がバブル化して「一億総投機」と言われるような異常な世相であった。

とくに大手銀行が不動産融資を積極的に進め、不動産融資残高が積み上がっていた。こうしたなかで、１９９１年3月に地価が大暴落し、大手銀行には不動産関連の不良債権が山積し、金融機関全体で１００兆円に達するほどであった。

経済が停滞して税収が激減したので、大蔵省（現財務省）の意向に従って、橋本龍太郎首相は緊縮財政を徹底するために、１９９６年に「財政構造改革法」の制定を閣議決定した。これは「１９９7年度から5年間で、中央政府と地方政府の債務の合計額を国内総生産（ＧＤＰ）の３％以内に圧縮する」という「数値目標付きの緊縮財政法案」であった。

この法案が閣議決定されるや否や、「こんな厳しい法案を強行したら日本経済は破綻する」と判断した海外の投資家は日本株の売りに向かい、株価は連日、暴落した。こうなると、多額の株式を保有していた大手銀行では、株式の評価損が累積し、自己資本が減額してしまったのだ。

金融危機を助長した主流派経済学者

ＢＩＳ規制で「有価証券の含み益（45％が限度）」を自己資本に算入していたことが認められた。株価が下がると、含み益が減少するので、自己資本に「組み入れた株式評価益」が減少し、自己資本額が縮小する。自己資本比率規制（ＢＩＳ規制）によって、大手銀行は自己資本を８％以上保有する必要があるため、例えば、自己資本が１％ポイント縮小すると、その12・５倍の資産を縮小しなければならない（「12・５分の１」が８％）。こうした事態に追い込まれた大手銀行は、貸し出しを回収せざるをえなくなり、この影響で、信用収縮が一挙に広まったのである（「貸しはがし」）。

こうした金融危機に際して、新自由主義を信奉する主流派経済学者は、「まず、不良債権の多い金融機関を潰せ、あとは市場に任せればよい」という見解であった。大手マスコミもこの見解を煽ったために、金融危機は増幅していった。市場を混乱させたのは自称「主流派経済学者」（新自由主義に洗脳された市場原理主義者）であったのだ。彼らの経済学には経済恐慌を分析する理論も政策もなく、企業が利益を上げるだけの技法にすぎないことが判明した。

大手銀行への公的資金注入提案が危機を救う

「市場任せでは大恐慌になる」と判断した私の見解は、１９９８年7月9日の朝日新聞朝刊の「21世紀の対立軸」に掲載された。ここでは、市場原理主義者の代表として翁百合氏（日本総研）

が登場し、「日本の金融システムは市場規律を主軸に再構築することが急務だ。……非効率な銀行は退場させることが大事だ」と主張した。

これに対して、私は「日本はいま、金融非常事態にあることを認識すべきだ、市場任せは不安を増幅させる」と主張し、「政府主導で不良債権と株式の含み損を償却させる。これで自己資本が減額するので自己資本減額分に相当する公的資金を注入し、その後に金融再編を強いるべきだ。金融機関が再生されれば公的資本はプレミアム付きで返済される」と提案した。

「この記事が出るや否や、世論が変わった。政府主導でなければ危機は収まらない」という声が次々と寄せられた（神徳英雄氏、当時の朝日新聞経済部デスク）そうである。

その後、８月25日の日本経済新聞の経済教室に「不良債権処理、大手行対応で緊急法を」「公的資金に規律、不良行整理、主導で」「米ＲＦＣ型の対応徹底せよ」「市場任せでは処理コスト膨張」「銀行の株式保有、早急に終止符を」という私の提案が掲載された。この記事が出るや否や、公的資金注入に関する流れが変わったといわれる（日本経済新聞、１９９８年８月27日付）。

私の提案を受けて、自民党、自由党、改革クラブなどを中心として、破綻前銀行への公的資金注入問題が前向きに積極的に議論され、求めに応じて私も説明に出向いた。連合（日本労働組合総連合会）の鷲尾悦也会長が小渕恵三首相に「公的資金導入によって銀行機能を維持できれば、雇用を維持できる」と伝えて、公的資金注入に賛意を表明したことは印象的であった。こうして市場原理主義による市場放任論は完全に退けられたのである。

金融機能早期健全化法成立（資金枠25兆円）

自民党内では、政策集団である「日本再生会議」（中山太郎議長、平沼赳夫幹事長、亀井静香、麻生太郎ほか）が議員立法で「金融機能早期健全化法」（資金枠25兆円）を立案し、当時の金融担当だった野中広務官房長官の決断で、1998年10月16日に「金融機能早期健全化緊急措置法（早期健全化法）」として成立した。

同時に、このとき、長期信用銀行処理のための法案（金融再生法案）も成立し、金融危機が沈静化したのである（以上の経緯は拙著『実感なき景気回復に潜む金融恐慌の罠』に詳細な説明あり）。

こうして、1999年3月までに大手銀行に注入された「公的資金（預金保険機構で政府保証債を発行して得た資金、税金ではない）」は9・3兆円に達した。このうち破綻した日本長期信用銀行と日本債券信用銀行へ注入して返済されなかった合計額2・7兆円を除いた注入額は、すべてプレミアム付きで返済されている。

議員立法で成立した金融機能早期健全化法（資金枠25兆円）は、その後、銀行法に組み込まれ、現在では金融システムを救済する手段として、金融当局の判断で当該銀行に注入できるように法制化されている。

なお、私は、公的資金の注入条件として、「経営者が責任を明確にすべきである（代表役員の辞任等）」と主張していたが、経営責任は不問にされた。１９３０年代の米国では、「経営責任を明確にすることを条件として銀行に公的資金を注入した」前例があるのに、日本の政府与党が経営責任の追及を拒否した。この点、公的資金提案者として極めて遺憾である。

銀行本体での株式保有禁止を提案

私は２００１年２月の衆議院予算委員会の公聴会で、「不良債権とともに金融不安を拡大させている要因は、銀行が本体で多額の株式を保有し、株価の下落で自己資本が減少することにある。そこで銀行本体での株式保有を禁止し、当面の処理として銀行持株会社を設立して傘下に株式保有会社をつくり、銀行が保有している株式をその株式保有会社へ移管する。こうすれば銀行保有株式を銀行本体から切り離すことが可能である」という提案をした。

この後、福田康夫官房長官は「銀行が保有する株式保有が自己資本の変動をもたらしているので、銀行の株式保有の制限を検討したい」と発言し、具体的な検討が始まった。

同年６月に私が面会した自民党の池田行彦政調会長は私の案に賛意を示したが、全国銀行協会会長の岸曉《さとる》氏（三菱銀行頭取）が反対し、財務省の妥協案で「銀行の自己資本のうちＴｉｅｒⅠ資本の範囲内」として法制化された。「ＴｉｅｒⅠ資本」は「中核的自己資本」と訳されており、「普通株の払込資本、利益準備金等の狭義の自己資本」である。

金融危機の結果、はっきりしてきたのは、米国を中心とする外資が日本の失政に乗じて日本株を大量に売却して多額の利益を享受したこと、そして、こうした市場活動で日本の金融システムの欠陥が露呈し、日本経済が弱体化したことである。

さらに金融危機が発生したときに、主流派経済学者は市場原理一点張りで、かえって危機を増幅させた。彼らの経済学が実態を分析できない貧困な学問であることがここでもわかるが、それにもかかわらず、2001年4月になると、小泉純一郎首相が、その市場原理を経済政策の根幹に据えたので、市場原理主義を信奉する経済学者が闊歩し、惨憺たる日本経済になってしまった。

4 新自由主義による経済構造の破壊（小泉構造改革）

米国の要望を実現させた構造改革

米国からの対日年次要望書を政策の根幹に据え、その要望を具体化していくのが、2001年4月からの小泉純一郎首相による「構造改革」であった。小泉首相の政治手法は「敵をつくって立ち向かう自分を美化する方法」（反対派を「抵抗勢力」とする）をとり、大マスコミがそれに乗って針小棒大に宣伝し、自らの人気を煽る「政治の新自由主義化」であった。

すでに述べたとおり、米国の年次要望書の内容は多岐にわたっているが、小泉構造改革は①不良債権処理を清算型（潰して処理）にする、②「小さい政府」にする（デフレにさせる）、③日本郵政公社を民営化させて「ゆうちょマネー」を米国で使う、④米国企業が医療分野に参入できるように改革する、⑤外資が参入しやすいように「規制緩和」「改革」を進める、⑥労働法を改悪して非正規社員を増やし、企業の人件費を低下させるという内容であった。
④の医療改革では、日本政府の医療費支出の削減と混合診療の認可を要求した。これは、米国の薬品の販売拡大と医療保険の拡販を目指すもので、究極の目標は日本の国民皆保険を潰すことである。さらに司法制度改革では、民事訴訟の活発化で日本企業を弱体化させる、裁判所による行政への牽制《けんせい》を強化させる、裁判員制度を導入する（ただし刑事事件に限る）等を行った。大店法を改訂して外資のスーパーが日本に進出しやすくし、大手スーパーの郊外店舗拡張を認可させた。これで小売り商店は廃業に追い込まれてシャッター通りになってしまった。
「構造改革」が実行されてから20年近く経過した現時点で、改めて「改革」の中身を見てみよう。

必要なかった不良債権処理（米国の要請で加速処理）

２００２年10月に竹中金融担当相が始めた金融改革プログラムは、不良債権処理を加速させ、意図的に大手銀行を潰し、金融システムを寡占化・硬直化・弱体化させることであった。世界の金融史上に残る一大失政であり、なぜこんなことが許されたのか（拙著『実感なき景気回復に潜む金融恐慌の罠』参照）。

金融危機を乗り切った日本は、森喜朗内閣の政調会長であった亀井静香氏の景気振興策が的中し、2000年度の主要銀行の不良債権比率は、ほぼ健全と言われる5%まで低下していた。ところが2001年4月に就任した小泉純一郎首相は緊縮財政政策をとってデフレを深刻化させ、主要銀行の不良債権は8・4%に上昇してしまった。増加した不良債権は、当然、デフレ型（政府のデフレ政策によって増加した不良債権）であり、森内閣の亀井政調会長がとった景気振興策を継続しておけば、健全債権になるものであった。

小泉内閣発足当初の金融担当大臣は柳澤伯夫氏であり、2001年8月の金融庁の発表では、「当初3年間で残高増ゼロ、その後2007年度までに不良債権を半減させる。この間、不良債権の償却は大手行の収益に任せる」という趣旨の方針を発表した。

ところが、2002年9月12日に国連総会に出席した小泉首相は子ブッシュ米大統領とニューヨークで会談し、2つの重要な議題が議論された。1つは不良債権処理の出口論、もう1つは日本の金融機関が保有する米国債の売却自粛であった（上坂郁「日米首脳会談で米大統領が〝最後の通牒〟金融行政を痛烈批判した大統領『親書』」『金融ビジネス』2003年1月号）。

不良債権の出口論とは、「銀行から不良債権を切り離して市場で売却せよ」ということである。それは、「問題企業を破綻させ、それを米国企業が安く買い取り、再生させて高値で売り払って利益を得る」（不良債権の清算型処分で米企業が利益を取る）というシナリオで、それが動き始めていたのだ。

もう1つの国債売却自粛は「日本の銀行不安が顕在化すると、米国債売却に向かう。銀行が経営危機に陥る前に国有化、もしくは公的資金注入によって、こうした事態を回避してほしい」との要請であった（前掲『金融ビジネス』）。

この背景として、この論文では「小泉首相の電撃訪朝を米政府は表向き平静に受け止めたが、内心は時期尚早と考えていた節がある」と述べており、米国の不良債権処理の加速化の要請の背景として、小泉首相の突然の北朝鮮訪問問題があったことをあげている。日米の政治経済両面でのやりとりとして興味深い点だ。

金融再生プログラムで企業倒産を促進

日米首脳会談を終えて帰国した小泉首相は9月30日に、柳澤金融担当大臣を更迭し、竹中平蔵氏を金融担当大臣に任命した。この直後に、柳澤氏は「まだ道半ばの思いだ。日本経済がはまった罠《わな》から脱却できるように今後も研鑽《けんさん》をしていきたい」と述べている（日本経済新聞、２００２年10月4日付）。同氏が言う「罠」とは何を指すのだろうか。興味深いものがある。

竹中金融担当相は「不良債権があるからデフレになる」という持論を持ち、２００２年10月に「金融再生プログラム」を立ち上げた。その内容は、①資産査定の厳格化によって、不良債権を加速処理させること、②銀行の自己資本の中身の精査と自己資本算出基準の厳格化で、大手行の不良債権比率を2001年度の8・4％から4・2％以下に半減することであった。

金融不安を起こしていないUFJ銀行潰し（金融機能の減退）

これは金融史上、前代未聞の出来事である。当時のUFJ銀行は、2004年3月期の決算で業務純益（銀行の営業収入から経費を控除した利益）が7946億円あり、東京三菱銀行の業務純益6548億円をはるかに上回る純益をあげていた（このときの大手行の業務純益は、みずほ銀行グループが9541億円、三井住友1兆円、三菱東京は6548億円であった）。

しかし、金融庁はUFJ銀行に対して、「不動産融資に多額の不良債権があるから1兆2000億円を貸倒引当金に積め」と指示し、この結果、UFJ銀行の最終利益は、マイナス4000億円に落とされたのである。さらにUFJ銀行は、金融当局の検査に対して資料を隠《いん》蔽《ぺい》していた事実が表面化し、「検査忌避」で刑事告発されていた。

当時の金融庁の考えは、「UFJ銀行を赤字に追い込み、自己資本を毀損（減額）させ、自己資本比率が国際基準行として要求されている最低水準8％を割らせる。そこで公的資金を注入する。こうして事実上破綻させ、一時国有化する。その後、外資や国内銀行に譲渡する」というものであった（日本経済新聞、2004年7月18日付、『金融ビジネス』2004年9月号参照）。

すでに当時、「UFJ銀行が破綻したら直ちに買収しようとしていた外資系銀行があった」（民間金融機関の某幹部の話）という。

この結果として、ＵＦＪ銀行は東京三菱銀行に合併を要請し、三菱東京ＵＦＪ銀行として再出発した。こうして、日本の大手銀行は3つの超メガバンクに集約されたために、金融システムは寡占化・硬直化した状態になり、信用創造機能を減退させた。「日本の経済規模から見ると、日本の大手銀行は少なくとも5〜6行あってもよいのではないか」（私が面談した当時の英国の中央銀行幹部の話）といわれており、日本の大手銀行の国際競争力が減退しているのは、大手銀行を3行に集約した結果であろう。

この時期の金融庁の行政指導は、日本の金融機関の活動を狭め、日本経済の成長を抑制するうえで大きな効果があったといえよう。

竹中金融行政は「日本封じ込め」に協力した典型的な実例である。

ダイエーを意図的に潰して不良債権比率の目標を達成

当時の大手スーパーマーケットであるダイエーに対する各銀行の融資（多くは不動産購入資金）の一部が不良債権扱いにされ、金融庁はダイエーに対する貸し出しを強制的に産業再生機構へ移すように融資行に働きかけた。こうすれば、ダイエーに対する銀行の貸出金を同機構の公的資金で肩代わりすることができるからである。

その結果、銀行の不良債権は減少し、金融再生プログラムの目標である「２００５年3月の大手銀行の不良債権比率4・2％以下」を達成した。つまり、これを達成させるための手段として「ダイエー潰し」が利用されたのである。

5 「小さい政府」づくりと労働法の改悪

プライマリーバランスを10年で均衡させる（10年デフレ政策）

小泉首相は2001年4月の施政方針演説で、財政赤字削減のために「財政支出を税収の範囲内にする」とし、そのために「基礎的財政収支（プライマリーバランス：PB）」を「2010年までに均衡させる」という方針を宣言した。この方針は、「経済成長よりも政府債務の圧縮を優先する」という政策であって、明らかに緊縮財政によるデフレ政策である。

過去の実例を見ると、「デフレ型財政規律」をとった国はアルゼンチンとギリシャである。アルゼンチンは、1990年代早々、超インフレを抑えるために「2001年までにプライマリーバランスを均衡させる」という方針を立て、デフレ政策を実行したが、経済力が弱体化し、対外債務不履行に陥ってしまった。

２０１０年代に債務隠蔽問題を引き起こしたギリシャは、２０１５年にプライマリーバランスが均衡したのに、対外債務不履行に陥っている。

米国でも１回目は１９８０年代後半にレーガン大統領が、２回目は１９８９年に父ブッシュ大統領が、それぞれ数値目標付きの財政規律を政策に盛り込んだ。これで米国はデフレ気味になったので、１９９３年に就任したクリントン大統領が成長型財政政策に切り替えて、経済成長と財政黒字を両立させた。

小泉首相が採用した「基礎的財政収支（プライマリーバランス）」という財政規律の指標は、元々、日本にはなかった手法で、小泉政権が初めて採用したものであり、「外部からの進言ではなかったか」（財務省ＯＢの話）と言われている。これが日本経済をデフレに追い込み、成長を抑制する手段になっている（拙著『新自由主義の自滅』文春新書）。

ここで図表３－１「一般会計の基礎的財政収支の推移」をご参照願いたい。日本の基礎的財政収支が悪化し始めたのは、１９９８年の金融危機からであり、２００１年４月に小泉首相が掲げた「２０１０年にプライマリーバランスを均衡（ゼロ）させる」という目標（第１次目標）は、リーマンショックなどで達成できなかった。

２００９年９月に就任した鳩山由紀夫首相は財務省の第２次ＰＢ目標計画（２０２０年にＰＢゼロ目標）を拒否し、財政デフレから脱却しようとした。ところが、２０１０年６月に就任した菅直人首相は最初の閣議で、財務省の要求を受け入れて、「２０２０年にプライマリーバランス

図表3-1　一般会計の基礎的財政収支の推移

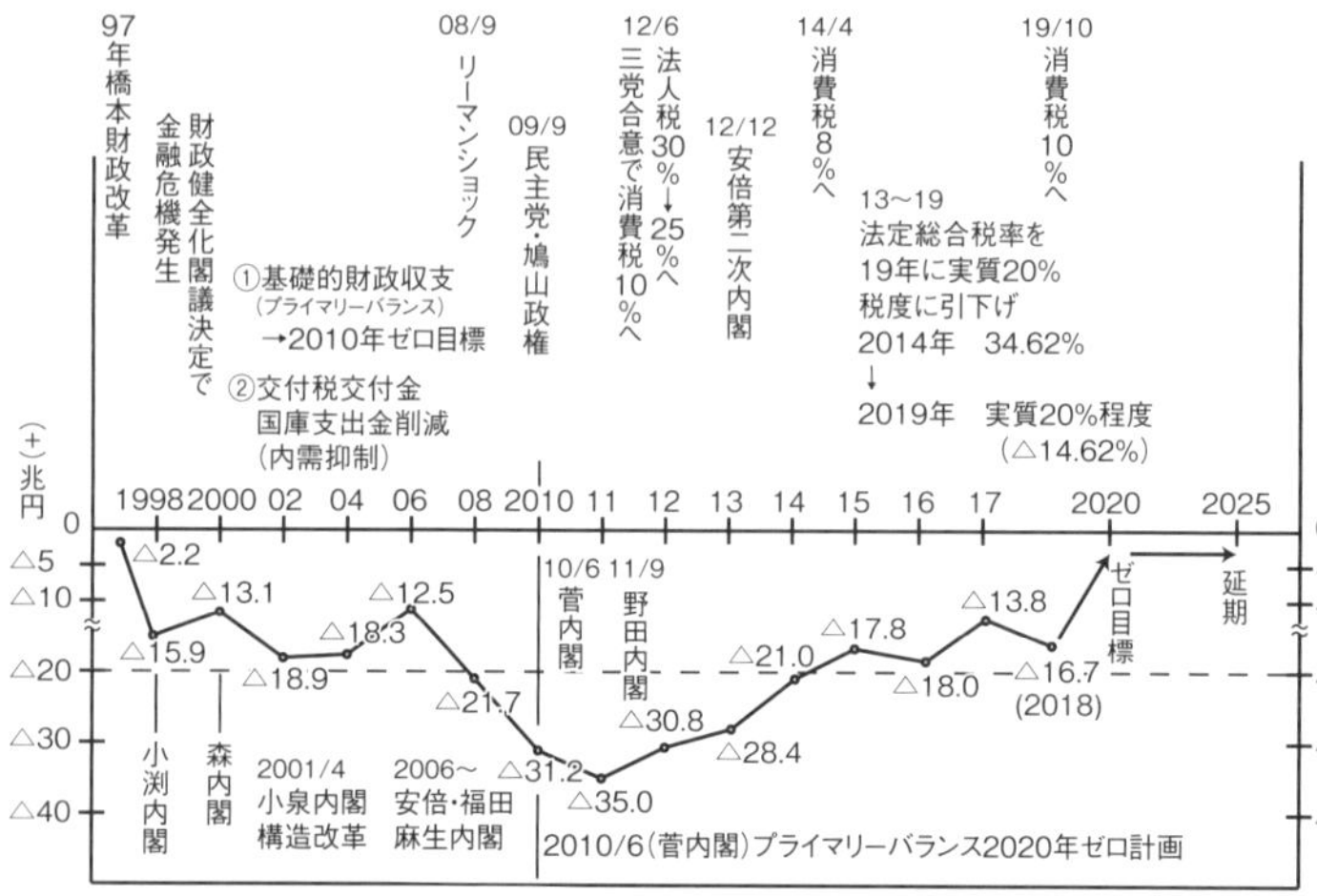

（出所）内閣府「国民経済計算2019」をベースに著者作成

を均衡させる」ことを決定した。この第２次目標案は、２０１２年12月に就任した安倍首相が閣議決定したので、その後も継続しているが、２０１９年１月に「２０２０年のゼロ目標を２０２５年まで延長する」と決定した。

社会的混乱を生んだ財政支出の削減

「小さい政府」にするために、小泉内閣は「公共投資の削減」「地方交付税交付金（中央政府が地方政府に供与する財政支出）」「医療費削減」「教育費削減」「社会保障費削減」を連発した。この結果、都市部と地方の格差の拡大、地域医療の崩壊、投資減少による雇用機会の減少、所得の減少を招いた。

一方、金融を緩和して円安誘導を行い、輸出を促進する道を開いた。

つまり、小泉構造改革は「金融緩和と財政緊縮」「外需促進と内需抑制」であった。内需抑制によってデフレが進むので、国内で余った資金が自然と海外へ流出することになり、構造改革は「国富の海外流失」の道を開いたのである（第9章参照）。

ここで図表３－２「主要国の財政支出額の対ＧＤＰ比率」と図表３－３「主要国の財政支出の推移」をご覧願いたい。構造改革が始まる直前の２０００年を基準として見ると、図表３－２では、この比率が大きい国（大きい政府）はフランスとドイツであり、小さい国は小さい順に米国、日本、英国であった。ところが構造改革の終わりの年（２００８年）では、日本が一番小さい国になった。小泉首相の念願がかない、これを契機に首相を退任した。

次に図表３－３で見ると、１９９９年を１００とすれば、２０１８年に日本は１１４であるのに、小さい政府である米国と英国は、英国２２０、米国２２６と財政支出を拡大している。

つまり、主要国の財政支出の対ＧＤＰ比率で見て小さい政府である英米でも、毎年３～４％の財政支出をしているので、小さい政府でもデフレにはならないのだ。

日本は小さい政府にしたうえ、財政支出額を削減するという「デフレ政策」を実行しているのである。

製造業にも非正規社員を認める

１９９６年には労働者派遣法の改悪によって、それまで秘書・通訳など16の専門業種に限定

図表3-2　主要国の財政支出額の対GDP比率

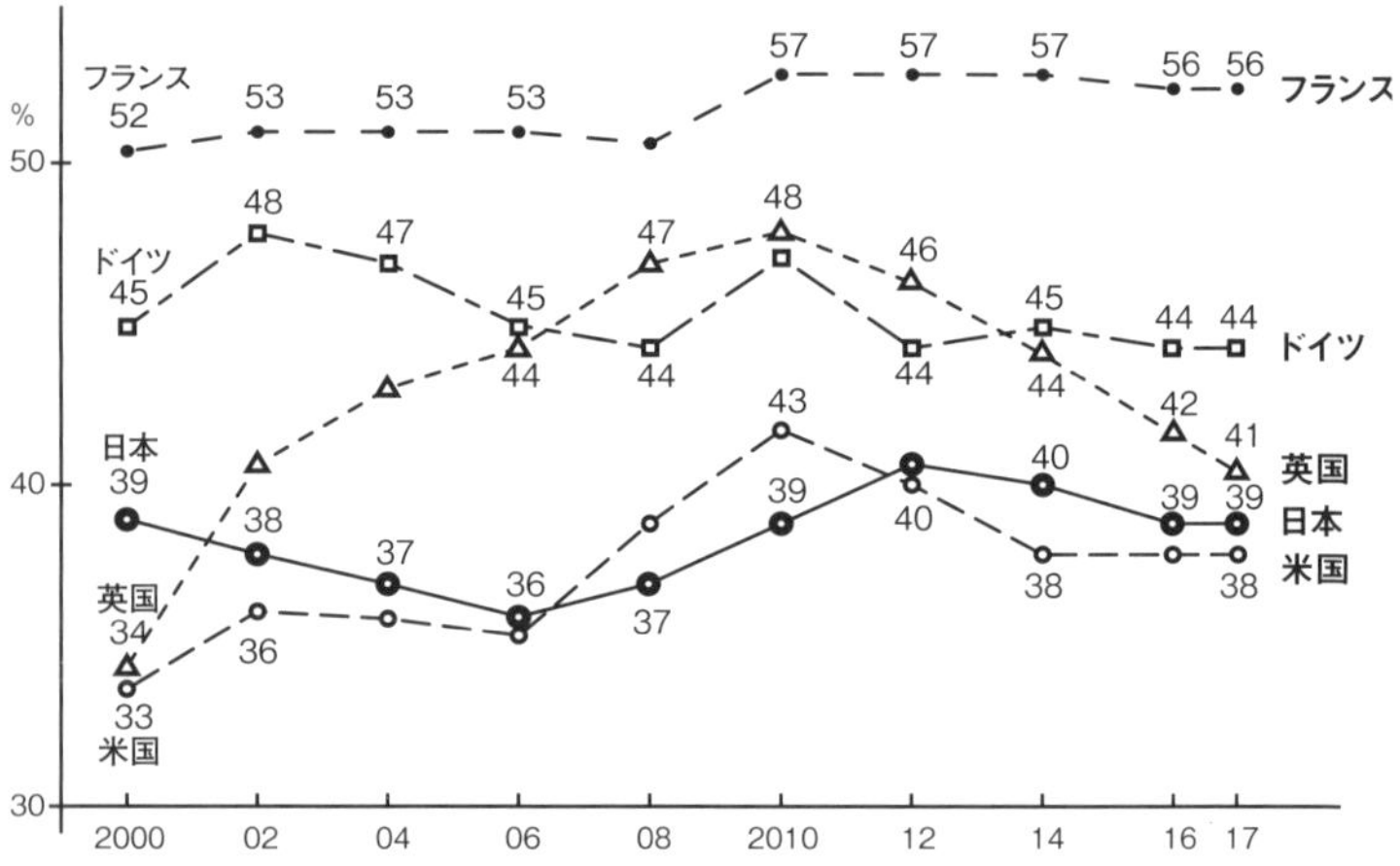

（注）出所 OECD2017データより作成

図表3-3　主要国の財政支出の推移（1999年を100とした指数）

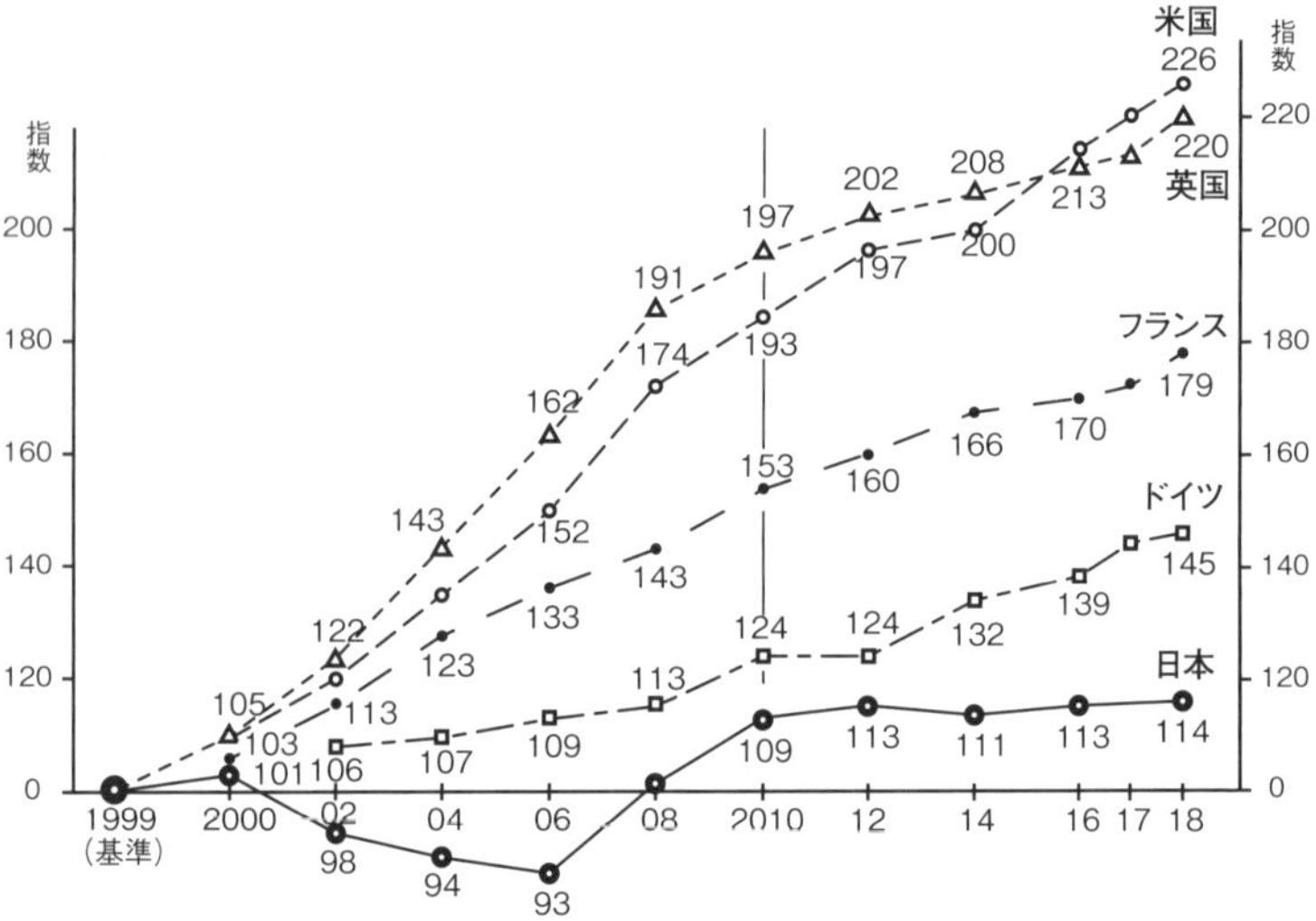

（注）①出所　日本以外はOECD2018のデータより作成、日本は中央政府の「一般会計」の数字
②1999年を基準100として、その後の財政支出額の推移を指数化した

していた派遣の対象業種を26に増やし、１９９９年には一部を除き、原則自由とした。さらに２００４年の改悪で派遣労働の期間を1年から3年まで延長し、それまで除外されていた製造現場や社会福祉施設での派遣労働も認め、派遣受け入れの許可や届け出を事業所単位から事業主単位にした。この改悪を契機として、企業は正社員を減らし、派遣労働の割合を増やして、実質的な賃金の引き下げを可能にしたのである。

さらに、経営者による従業員の解雇をやりやすくし、非正規社員を製造業にも認めた。この改悪で、非正規社員が一挙に増加した。小泉構造改革前の１９８８年の非正規労働者は全体の19・1％であったのが、２００９年には33％に増加している。

「非正規労働者の賃金は平均年収で見ると正規労働者の35％程度」であるので、この流れは所得格差や教育格差を呼び起こし、結婚できず家庭を持てない男女が増え、出生率低下の要因になっている。この流れはさらに悪化している（第９章参照）。

社会保障・社会福祉制度の改悪

年金制度改革では、厚生年金保険料と国民年金保険料を２００４年度から２０１７年度に18・3％になるまで、毎年引き上げること、年金給付額の物価上昇分の９割をカットして、実質給付を引き下げること（マクロ経済スライド）など、国民負担増加と給付額削減を制度化した。

デフレ政策を導入したので、経済成長が期待できない。そこで、国民負担を増加させようとする政策であった。

6 米国が要求してきた郵政民営化（国富が米国へ）

「ゆうちょマネー」で米国債を購入させる

1993年に米国の政治学者であるケント・カルダーが経済誌『インターナショナル・エコノミックス』に、「ゆうちょマネーの活用が世界経済の活性化につながる」という論文を寄稿した。債務国に陥った米国は、ジャパンマネーを意のままに使えるようにしようと考え、そのために「ゆうちょマネー」を政府（当時は郵政省の管轄化）から切り離して民営化させ、その会社の支配権を得て「ゆうちょマネー」の運用権を握るというものであった。

米国の要請を受けて、1996年に橋本内閣は、郵政三事業（郵便事業、貯蓄業務、生命保険事業）を郵政省から切り離して公社に集約することにした。2004年の対日年次要望書で米国は民営化の手法と道筋を詳しく指示してきた（菊池英博、稲村公望『「ゆうちょマネー」はどこへ消えたか』彩流社、2016年）。

民営化法案は参議院で否決、憲法違反の衆議院解散で小泉勝利

２００５年の通常国会で竹中平蔵国務大臣が提案した郵政民営化法案では、一本化で運用されている三事業（郵便、貯金、生命保険）を分解して４つの会社に分け、政府が保有している株式を２０１７年までにすべて市場に売却して、完全に民営化することになっていた。

郵便局組織の社会的意義は、「全国に三事業一体化の機能を持つ拠点を持ち、人口の少ない地域でも店舗を設け、地域社会の中核として社会的地盤を形成する」ことであった。与党内にも竹中案には反対が多く、その理由は「①民営化すれば『ゆうちょマネー』の中央から地方への還流がなくなり、地方経済が疲弊する、②『ゆうちょマネー』が海外に流れるので、日本国債を買い取る原資（財政赤字の補填《ほてん》と財政投融資の原資）がなくなる、③地域社会が崩壊する」ことであった。

政府案は7月5日の衆議院本会議でわずか5票差で可決されたが、８月８日の参議院では、与党内の反対が多く、否決された。

ここで小泉首相はその日に衆議院を解散し、「郵政公社民営化、賛成か反対か、国民に聞いてみたい」と宣言して選挙で勝負する方針を打ち出した。

しかし、この解散は、明らかに憲法違反であった。日本は議会制民主主義の国であって、国民が選んだ議会（立法府）が法律の決定権を保有している。憲法第41条は「国会は、国権の最高機関であって、国の唯一の立法機関である」と明記している。その国会が郵政民営化法案を否決し

たとすれば、首相はそれに従うべしというのが憲法の定めである。小泉首相は行政府の長として立法府の議決に従うべきであるにもかかわらず、これを無視して解散に打って出たのだ。

当時の衆議院議長（河野洋平氏）は国会の開会を認めるべきではなかった。日本の憲政史上、最大の汚点である。

この選挙では、日本の大手広告会社が外資系の広告会社と提携して、「官から民へ」という一大選挙スローガンを立て選挙を煽動した。小泉自民党総裁は郵政法案に反対した議員に公認権を与えず、選挙区には女性候補（女刺客と言われた）をぶつけて選挙を煽り、狂乱選挙と言われた（森田実『崩壊前夜　日本の危機』日本文芸社、２００８年）。選挙はさながらローマ帝国時代の「奴隷と野獣の格闘技」のような異常なものであった。

日本は米国に3兆ドルをプレゼント

衆議院の解散が決まった翌日の英ファイナンシャル・タイムズ紙は「日本は米国に3兆ドルをプレゼント」と題する記事を掲載した。日本の選挙で「郵政民営化をすれば3兆ドルの金融資産が米国に流れて、日本では使えなくなる」という本音のこの記事に比べて、日本のマスコミはどこもこうした事実を伝えなかった。いかに国民に事実が伝えられていないかがわかるであろう。

郵政民営化に反対して自民党から独立した国民新党は公式ウェブサイトで、「郵政民営化はハゲタカファンドによる３５０兆円の資産強奪が目的であり、米国はわが国に民営化を押しつけておきながら、自国では国営の郵便事業を守りつづけている。米国の郵便庁に勤務する約86万人は公務員であり、大統領委員会は今後も公的機関が郵便事業を行うのが望ましいと結論づけている。〝公営は時代遅れ〟という言葉が、我が国の虎の子、国民の財産である３５０兆円を奪うための虚偽宣伝であることは明確である」との見解を発表した。

この声明は郵政民営化の真相を適切に説明しており、このときの選挙直前に結成された国民新党はわずか４名とはいえ議席を確保し、郵政民営化ばかりでなく、小泉首相の新自由主義的な日本破壊政策に立ち向かう政党となって存在感を示していたのである。

政権交代による郵政法案改正で国家破綻を免れた

２００９年８月30日の衆議院選挙で政権交代が実現し、９月16日に民主党、社民党、国民新党の連立政権として鳩山由紀夫内閣が成立した。三党の共通政策として、選挙公約では郵政民営化の抜本的見直しを掲げていた。

政権交代した直後の臨時国会で成立した最初の法案が「日本郵政会社、郵便貯金銀行及び郵便保険会社の株式の処分の停止等に関する法律案」であった。当時の郵政改革担当大臣は亀井静香氏（国民新党代表）であり、法案が成立した２００９年12月４日の参議院の大臣ひな壇で、この法案が可決された瞬間に天を仰いだ。

まさに「天が日本を救った」のである。

小泉・竹中郵政法案の改正で郵便局組織を救う

2010年7月の参議院選挙で、菅直人代表となった民主党と国民新党の両党では過半数を得られず、与党だけでは連立政権の「新郵政法案」を成立させることが不可能になった。そこで国民新党の亀井静香代表は公明党幹部とともに小泉・竹中郵政法案の改正案を作成し、公明党の議員立法として自民党と協議することになり、自民党もこれに応じた。

改正案では、①郵政・貯金・生命保険業務の一体化、②日本郵政に三事業を全国的に展開すること（ユニバーサル・サービス）を義務付ける、③2017年までに金融2社の株式を完全に市場に売却するという条項を削除し、完全売却は努力目標とする、というものである。この案で妥協し、2012年4月に改正法案が成立した。

この改正案の効果は極めて大きい。もし政権交代がなく、小泉・竹中郵政法案のままであったら、「日本政府が2017年末までに郵政株を市場に叩き売る」「儲からない地域の郵便局はなくなる」ことになり、「ゆうちょマネー」はすべて外資が持ち出し、国内の郵便局組織は崩壊していたであろう。自民党も党議拘束をかけて「改正案に賛成」したが、菅義偉、小泉進次郎、平将明、中川秀直（引退）は反対した。

第4章

グローバリズムがもたらした米中の奇妙な関係と孤立する日本

1
衝撃のレポート「グローバル・トレンド2030」

米国一強時代の終焉

米国には、大統領のために国際情勢の現状分析と長期的な展望を分析する「国家情報会議」という諮問会議があり、4年に一度の頻度で「グローバル・トレンド」という報告書を作成し、大統領の政策指針としている。

この報告書は、国際情勢の分析、米国の対外政策、外交方針、日米関係を考えるうえで極めて重要な資料である。オバマ政権時代の2012年12月に発表された報告書は「グローバル・トレンド2030」と呼ばれ、2030年に米国は「単独の世界の覇権国家」の地位を失い、同一レベルのトップ（複数国のトップ）に転落するであろうと述べられている。この報告書には、参考になる有益な情報が多く、米国政府の公式見解として把握すべき内容である。

この報告書の認識では、「アジアはGDP（国内総生産）、人口規模、軍事費、技術開発投資に基づくパワーにおいて、北米とヨーロッパを凌駕《りょうが》する。中国、インド、ブラジル、インドネシア、南アフリカ、トルコがグローバル経済にとって重要となる。他方で、ヨーロッパ、日本、ロシアは、相対的に衰退を続ける。第二次世界大戦終了後に米国が構築してきた〃パクス・アメリカーナ〃の世界秩序は急速に消滅していくであろう」「経済面では、2020年代に中国が世界最大の経済大国になり、2030年の米国は、〃同レベルのなかでのトップ（The first among equals）〃の地位にいるであろう」と予測している。

さらに海洋秩序については、「グローバルな経済パワーはアジアに移り、古代の地中海や20世紀の大西洋のように、インド洋と太平洋が国際海上交通の中心となる。世界の主要なシーレーンに対する米国の海軍覇権は、中国海軍の強化によって消滅していく。こうなると世界情勢は、グローバル覇権国家の存在しない多極化した構造になるであろう」と述べている。

この報告書が発表されたのと同じ2012年に、米国の政治学者でコンサルティング会社「ユーラシア・グループ」を率いるイアン・ブレマーは、「世界秩序を維持したり、グローバルな問題を解決したりするために必要なリーダーシップを発揮できる政治力が存在しなくなる時代が来る」と言い、この時代を「Gゼロの世界」と表現した（同氏『「Gゼロ」後の世界』日本経済新聞出版社、2012年）。Gゼロの認識は、英国やEUでは、数年前から広く認識されていた。

中国の東アジアの覇権国への夢はどうなるか

覇権が中国にどのように移っていくかについて、「グローバル・トレンド2030」では次の4つの新しい秩序を予想している。

第1は、アジア地域への米国の関与が継続し、現在の秩序が今後も維持する（現状維持）。

第2は、米国のアジアへの関与が減少し、アジア諸国がお互いに競争し、新たな勢力均衡が生まれる。

第3は、中国が政治的に自由化し、多元的で平和愛好的な東アジア共同体が成立する。

第4は、中国が勢力を拡大し、東アジアにおいて、中国を頂点とした排他的な「中国覇権秩序」が成立する。

「最善シナリオ」でも「最悪シナリオ」でも日本は孤立する

世界の政治情勢から見ると、「最善のシナリオ」は、米国と中国が協力して紛争や対立を友好的に解決していこうとすることだ。他方、「最悪のシナリオ」は、米国やヨーロッパが「世界の警察官」から手を引いてしまい、中国と関係国との紛争が増えることであろう。「グローバル・トレンド２０３０」では、「米国と中国が協力関係を構築するのが最善である」としている。

もし、この「最善のシナリオ」になると、日本にとってはどうなるか。

日本が、「日米同盟の強化」を唱え続けるなかで、米中が協調姿勢を強化すれば、日本は孤立していくであろう。一方、「最悪のシナリオ」となったときには、米国従属で中国を敵視している日本は、米国の支援が得られなくなり、日本は孤立無援に陥るであろう。

この報告書は２０１２年12月に発表されており、オバマ大統領はこの認識のうえに立って外交を進めてきた。トランプ大統領も、この延長線上に立つからこそ、「米国が第一」を政治の根幹に置いているのである。日本は、この事実を認識したうえで、米国との関係、中国との外交を進めていかなければならない。

2 歴史的転換期で米中は共存共栄時代へ

最悪の事態を避けたい米国の戦略

米国の最大の懸念は、米国と中国が世界の覇権を争って直接戦争になることだ。中国の狙いは、東アジアで覇権国家になることである。しかし、太平洋に利権を持ち、台湾を支援している米国にとっては、東アジアの覇権を放棄するわけにはいかない。

こうしたなかで、最悪の事態をいかにして回避するかについて、オバマ政権の米国では結論を出していた。答えは共存共栄である。

オバマ政権の第2期の国務長官であるジョン・ケリーは、就任初年の2013年11月に上院において、「中国は米国と敵対関係にあるのではなく、両国のパートナーとして共存共栄関係になるべきである」と演説し、米中とのパートナーシップを提唱した。

さらにヘンリー・キッシンジャーは、19世紀から20世紀にかけての英国とドイツの覇権争いの経験から、次のように述べている。

「覇権国家の衰退と新興国家の台頭によるパワーの不均衡が戦争を引き起こす。米国の衰退と中国の台頭が、このような事態を引き起こすのを回避すべく、米中は協力関係の構築に向けて努力すべきである」

共存共栄関係を宣言

加えて、知日派でジャパンハンドラー（米国の対日要求を実現させるために日本を操る米国の要人）と呼ばれるジュセフ・ナイも、「中国と協働せよ、封じ込めるな」（２０１３年１月25日付のニューヨーク・タイムズ）と主張し、さらに「米国は、中国がシェールガスのような国産エネルギー資源を開発することに手助けし、中国と日本が、２００８年の海底ガス田共同開発計画を再開するように促すべきである。封じ込めは、台頭する中国に対処するのに適切な政策では絶対にない」と明言しているのだ。

こうして２０１３年4月に中国を訪問したジョン・ケリー国務長官（民主党）は、中国政府と党の要人を前にして、「We need you, You need us」（米国は中国を必要としており、中国は米国を必要としている）と演説し、米中の共存共栄関係を宣言した。

米国は「民主主義、基本的人権、法の支配」といった価値観を外交の中心に置いている国だ。しかし一方の中国は、共産主義国家であって、米国の価値観とは政治理念が違う国である。オバマ時代の米国は、異なる価値観を持った中国とでも協調関係を構築したうえで、日本、韓国、フィリピンとは同盟関係を維持して、中国の海洋進出を阻止していこうとする戦略であった。

3 日中離反を煽動した尖閣諸島の国有化

石原慎太郎・元東京都知事の発言が起点

２００８年5月に福田康夫首相と胡錦濤主席が会談し、「日中の戦略的互恵関係の包括的推進に関する共同声明」が調印された。これにより6月には東シナ海ガス田の共同開発が合意され、日中は友好ムードだった。

ところが同年10月に、中国海軍の駆逐艦が津軽海峡を通過し、12月には中国の公船である「海監」が初めて尖閣諸島の日本領海内に侵入し、日本の実効支配を打破するような攻勢を強めてきた。こうした動きは、中国国内で政府と軍部との外交上の対立があったからだと言われており、中国内で日本に対して強硬な姿勢をとろうとする勢力が表面化してきたことの表れだった。

こうしたときに、尖閣問題が急にクローズアップしてきた。

このころ米国では、日本の最大の貿易相手国が米国から中国に移ったため、日本人の心が中国に傾斜するのではないかとの懸念が出ていた。事実、私は、２０１０年7月に、ワシントンの連邦準備制度理事会（ＦＲＢ、米国の中央銀行）のエコノミストと面会したときに、「今後は日中経済関係のほうが日米よりも優先されるのではないか。貿易政策が変わることはあるか。米国との経済関係が希薄になることはないか」などの疑問をぶつけられた。

こうした時期に、２０１2年4月16日、石原慎太郎・東京都知事は、ワシントンにあるヘリテージ財団（新自由主義を海外に広めようとする財団）主催のシンポジウムでの講演終了後に、「東京都が尖閣諸島を購入することで地権者と合意した」ことを明らかにした。その直後から、中国の胡錦濤主席は「尖閣は中国のものである」と強く反発してきた。

石原知事がヘリテージ財団でのシンポジウム終了後にワシントンで「尖閣諸島を東京都が購入する」と発言したからといって、ヘリテージ財団やその関係者などが都庁による尖閣諸島購入に関与しているかどうかは確認されていない。しかし、諸般の事情から判断して、「尖閣問題は米国の利害にも関係があるのではないか」という意見があり、私が取材した範囲では複数の方がこうした意見を持ち、私のＦＲＢのエコノミストとの面談経験から考えても、「米国に日中を離反させようとする意向」があったのではないかと推察される。

外務省の意見を無視して野田首相が国有化

石原知事が尖閣諸島購入を具体的に検討していた矢先に、当時の民主党の野田佳彦首相が横やりを入れるような形で、２０１２年9月11日に魚釣島、南小島、北小島の３島を政府が購入することを閣議決定した。

野田首相が「尖閣諸島を国有化しようとしている」という情報を入手した外務省高官は、「国有化すれば、中国が強く反発することが予想されます。それを覚悟の上で決断されるなら総理のご判断です」と野田首相に進言し、尖閣国有化に反対していた（『週刊ダイヤモンド』２０１２年9月29日号）。「野田首相は支持率が落ち込んでいたので支持率回復のためにやったのだ」（当時の民主党首脳）という意見もあるが、「国による尖閣購入は日中間の離反と抗争になる」ことは明瞭《めいりょう》であった。

外務省の反対を無視してまで、野田首相が尖閣諸島を国有化したことは、歴史に残る大失態であり、中国との外交上、大きな禍根を残し、日本と中国の和解を阻む要因になっている。

尖閣諸島は日中間で「棚上げされていた」

そもそも、尖閣問題は日中間で「棚上げしておこう」という申し合わせができていた。１９７２年の田中角栄と周恩来会談では「尖閣には触れないでおこう」と棚上げが決まっており、さらに1978年10月に来日した鄧小平も「尖閣は100年、200年先の賢い人が考えればよい」と言って、事実上の棚上げが確認されている（NHKスペシャル「戦後70年 ニッポンの肖像――〝平和国家〟の試練と模索」2015年6月放送）。

尖閣問題は「触れずにしておけばよかったのに、なにか大きな罠にかかってしまったようだ」（当時の某民主党首脳）という声が出ており、「尖閣は日中共有の島である」というのが、国際法上の正しい認識であると言えよう。国際法では首脳同士の発言や約束は法的な効果がある。

4 日本に協力を要請せざるをえなくなる米国

米国から要求された集団的自衛権の容認

2012年8月15日に、米国のシンクタンク「CSIS」（戦略国際問題研究所）が、リチャード・アーミテージ元国務副長官、ジュセフ・ナイ元国防次官補の連名で、次の趣旨の報告書を日本に送ってきた（『月刊日本』2015年11月号）。

「日本には下すべき決断がある。すなわち、日本は一流国家であり続けたいのか、それとも二流国家に転落することに甘んじるのか、と言うことだ。日本の国民と政府が二流のステータスで満足するならば、この報告書は不要だろう」

その主な内容は次の項目のとおりである。

①集団的自衛の禁止は同盟国の障害である
②中国再興への対応として日米同盟強化
③ホルムズ海峡魚雷清掃、米軍と東シナ海監視活動への協力
④国家機密保全のための防衛省の対応
⑤日米は将来兵器の共同開発機会を増やす

この報告書が日本に来たのは2012年8月であり、民主連立政権の野田首相は集団的自衛権容認を受託しなかった。ところが2012年末に就任した安倍首相は、翌年2月22日にCSISで演説し、「アーミテージさん、日本は今も、これからも、二級国家にはならない。私はカムバックした。私の国を頼りにし続けてほしい」と演説したのである（前掲誌参照）。つまり、彼は「一流国家か」「二流国家か」という問いかけにのみ込まれて、「一流になりたいなら米国に従属すべきだ」という殺し文句に乗って、喜んで殺されたのだ。

CSISという組織は、米国のワシントンに本部を置く民間のシンクタンクで、元は1962

年にジョージタウン大学が設けた戦略国際問題研究所（ＣＳＩＳ）が学外組織として発展したものである。公式には超党派を標榜し、米国の民主党・共和党を問わず、多くの要人が関与しており、ヘンリー・キッシンジャーは顧問に就任している。

強引に集団的自衛権行使容認を閣議決定

集団的自衛権とは、国際連合憲章の第51条で加盟国に認められている加盟国の権利であり、その趣旨は「同盟関係にある関係国が武力攻撃を受けた場合には、安全保障理事会が必要な行動をとるまでは、同盟国が自衛のために軍事行動を起こすことを妨げない」ということである。

戦後の内閣では、法制局の見解は、「日本が軍事攻撃を受けたときには、日米同盟で米国は、自国が攻撃を受けたのと同じであると認識して、攻撃を仕掛けた国に軍事的な反撃ができる。しかし、米国が攻撃を受けたときには、日本は憲法第９条で交戦権が認められていないので、米国を攻撃した国に対して反撃できない」（専守防衛）という方針である。

なんとかして米国の要求を受け入れようとした安倍首相は、法制局の山本庸幸長官を更迭して、後任に「日本は憲法９条の下でも集団的自衛権行使は可能である」という小松一郎氏（元フランス大使）を任命した。

さらに政府自民党は、集団的自衛権行使容認の合憲性の根拠として「砂川判決」を取り上げた。砂川事件とは、１９５０年代に東京の米軍基地である立川飛行場の拡張反対運動が激化した際に、最高裁判所で安保条約に基づく米軍基地の合憲性が問われた裁判であり、集団的自衛権の行使が争点となったものではない。当時の駐日大使であったダグラス・マッカーサー２世は、米軍基地が違憲とみなされることを恐れて藤山愛一郎外相やこの案件の裁判長であった田中耕太郎に働きかけたことが、のちに確認されており、日本の司法判断に米国が介入したケースとして、いわくつきの判決である。

この判決は明確に「日本には自衛権が存在する」ことを認めたのである。しかし、集団的自衛権まで言及した判決ではない。ところが自民党はこの判決を「集団的自衛権までも認めた判決である」と拡大解釈して、強引に法制局の見解を変更させたうえで、安倍内閣は２０１４年７月１日に「集団的自衛権の行使を可能にする」旨の閣議決定をし、翌年９月19日未明に参議院での強行採決によって、安全保障関連法案を成立させた。

第２次安倍内閣は２０１２年12月の発足以来、国家安全保障会議（ＮＳＣ）の創設、防衛計画大綱、中期防衛力整備計画、武器輸出三原則の見直し、ＯＤＡ改革で軍事面での支援の道を開き、安保情報保全のための「特定秘密保護法」制定を手掛けてきた。２０１５年４月には、日米防衛協力のための指針（日米ガイドライン）と合わせて、安全保障関連法制により全般的な総仕上げが完了したことになる。

次は憲法改訂による「憲法第９条の破棄」「戦争ができる国にする（戦前回帰）」というのが安倍首相の念願と見られている。

解釈改憲で法制化された集団的自衛権行使容認の内容

憲法第9条は、第1項で「国権の発動たる戦争と武力による威嚇（又は行使）は、国際紛争を解決する手段として永久に放棄すること」を明言し、第2項で「戦力の不保持と交戦権の不行使」をうたっている。

憲法第9条の下で合憲である自衛隊の行動は、「専守防衛」（日本が他国から軍事的攻撃を受けた場合に限り、日本を防衛するための軍事行動ができる、個別的自衛権）に限定されてきた。この限定の枠を超えて自衛隊が、他国から攻撃を受けた米軍とともに、攻撃をしてきた国に対して行動できるようにしたのが、「集団的自衛権容認の閣議決定」による新安保法制である。

集団的自衛権は国連憲章で認められた権利であるにもかかわらず、日本が集団的自衛権行使を容認していないことは、「日本は他国に軍事介入しない」という積極的な意味がある。この閣議決定は、これを捨てて、次の場合には、自衛隊が米軍に参加することを可能にしたのだ。安保法制懇談会の北岡伸一座長代理は、政府が集団的自衛権行使を容認する際の5つの条件案を示している（2014年2月の記者会見）。日本が「米国の戦争に自衛隊を参加させてくれ」と頼まれたときに、何を基準として「反対できるのか」が焦点である。

第1に、密接な関係にある国が攻撃を受けた場合（米国が攻撃を受けた場合）。

第２に、放置すれば日本の安全に大きな影響が出る場合。

第３に、攻撃された国からの行使を求める明らかな要請があった場合。

第４に、首相が総合的に判断して国会の承認を受けること。

現在の日本でも、個別的自衛権による防衛出動の場合に、国会の事前承認が必要とされており、とくに緊急の場合には事後直ちに承認を受ける必要がある。集団的自衛権行使の場合には、米軍の要請があるか、日本が米軍を支援して米国の戦争に参加するだけの客観的事実はあるか、などが問題であり、国会審議の事前承認が必要である。ここでの最大の問題は、「首相の総合的判断」である。好戦的な首相であれば、客観的事実を針小棒大にして、米軍に協力する道が残されている。

第５に、被攻撃国以外の国の領域を通過するときには、その国の許可を得ること。

集団的自衛権賛成は３割未満

世論の反対が多いと判断していた安倍内閣は、テレビやラジオでの討議時間を抑え、「実態を知らしむべからず」の姿勢であった。

２０１４年６月23日の朝日新聞によれば、集団的自衛権の行使容認に関する世論調査では、行使に「反対は56％、賛成は28％」、解釈改憲の進め方（閣議決定だけで集団的自衛権を認めたこと）に対して「適切でないは67％」「適切であるは17％」であって、反対のほうが圧倒的に多かった。ほかの全国紙の世論調査でも同じような結論であった。

5 拒否できた米国の要求——集団的自衛権行使容認

再軍備の要求を拒否した吉田茂首相

日本では過去2回、米国の要請を拒否した事例がある。

1950年6月に朝鮮戦争が起こり、北朝鮮が韓国に軍事侵略をしてきた。韓国の駐留米軍だけでは不十分だとして、時の米国の特使であったジョン・フォスター・ダレスは日本に再軍備を要請してきた。

当時の日本は、戦勝国と平和条約を締結しておらず、平和条約締結に向けて準備中であったので、吉田茂首相は「もし再軍備を強行すれば、日本経済は直ちにその重圧に崩壊し、民生は貧窮化し、そこに共産陣営の絶好の狙いである社会不安が醸成される」と言って反対した。しかし、ダレス長官は執拗《しつよう》に再軍備を迫り、困った吉田首相はＧＨＱ（連合国軍総司令部）の総司令官であるマッカーサー元帥をダレスとともに訪問し、「再軍備反対」を説得したのだ。

これに対して、もともと日本の再軍備には反対であったマッカーサーは、「自由世界が日本に求めるのは軍事力であってはならない。生産力をフルに活用し、もって自由世界の力の増強に活用すべきである」と言って、日本に再軍備を求めなかった（西村熊雄『日本外交史27　サンフランシスコ平和条約』鹿島研究所出版会、1971年）。

もし吉田首相が米国の要求をのんで再軍備していたら、日本軍は韓国軍と米軍とともに朝鮮半島を北上して、北朝鮮軍や中国軍と衝突し、東アジアで大戦争になったであろう。多くの日本人に新たな戦死者を出し、さらにその後のベトナム戦争にも参戦を要請されたであろう。吉田茂の再軍備拒否は「戦争しない日本」の政治を確立した大きな歴史的決断であった。

自衛隊のアフガニスタン出兵を拒否した福田康夫首相

2007年9月から首相であった福田康夫氏に対して、米国の子ブッシ大統領は、アフガニスタンへ自衛隊のヘリコプターの派遣を強硬に要求してきたと報じられた。さらに、2008年7月のニューヨーク株式市場での株価暴落に伴い、大きな損失を出した米国政府系の住宅金融会社への巨額の融資を要求してきたとも言われている（孫崎享『戦後史の正体』創元社、2012年）。

福田首相はこの要求を拒否し、2008年9月に辞任した。まさに職を賭《と》して憲法第9条を守り、日本がアフガニスタン戦争に巻き込まれるのを阻止したのだ。

ともに、もし当時の首相が、岸信介や安倍晋三のような人物であったら、朝鮮戦争のケースでは直ちに再軍備をして、日本軍が韓国軍とともに朝鮮半島を北へ攻め上がり、北朝鮮、中国と戦火を交える最悪の事態になっていたであろう。さらにアフガニスタンのケースでは、自衛隊がイスラム教徒と戦い、アラブを敵に回すことになり、石油の輸入に大きな障害を与えたであろう。

日本が二度と戦争をしない国にしようと平和愛好的な首相が、身を挺《てい》して、職を賭して、憲法第9条を守ってきたのだ。現在の日本で求められる首相は、こうした平和主義者ではないか。

6 日本は中国敵視の包囲網外交

価値観外交と積極的平和主義

2012年12月にスタートした安倍内閣は、「価値観外交」と「積極的平和主義」というスローガンを掲げた。すでに7年ほど経過した時点で見ると、あらゆる面で米国に追従し、中国敵視の包囲網外交を継続している。

しかし、米国のオバマ前大統領（民主党）は、「もはや米国は世界の警察官ではない」と宣言して、自ら覇権国家としての地位を後退せざるをえない実情を世界に伝えている。トランプ大統領（共和党）は、さらに「米国第一」を宣言して、警察官としての任務を引き揚げる行動をとっている。

世界は中国の台頭によって、米国一極覇権の世界秩序が大きく揺らぎ、とくに東アジアでは、米中の覇権争いが表面化しつつある。こうしたなかで、冷戦時代のような時代遅れの価値観で中国包囲網外交を展開していると、日本は孤立していくであろう。

日本が自滅しないようにするには、どうすればよいか。日本は真摯《しんし》な反省が求められている。

米国には謝罪するがアジアには謝罪しない安倍外交

２０１５年４月29日に、安倍首相は米国上下両院合同会議で演説した。上下両院合同会議での演説は、日本の首相として初めて（米議会での演説は祖父の岸信介も58年前に行っている）のことであり、有頂天だった演説の要旨は次のとおりである。

「日本国と、日本国民を代表し、先の戦争に斃《たお》れた米国の人々の魂に、深い一礼を捧げます。とこしえの、哀悼をささげます」

「戦後の日本は、先の大戦に対する痛切な反省を胸に、歩を刻みました。自らの行いが、アジア諸国民に苦しみを与えた事実から目をそむけてはならない。これらの点についての思いは、歴代総理と全く変わるものではありません」

「『国際協調主義にもとづく、積極的平和主義』こそ、日本の将来を導く旗印となります」

「自由世界第一、第二の民主主義大国を結ぶ同盟に、この先とも、新たな理由付けは全く無用です。法の支配、人権、そして自由を尊ぶ、価値観を共にする結びつきです」
「私たちの同盟を、『希望の同盟』と呼びましょう」
「アメリカと日本、力を合わせ、世界をもっとはるかに良い場所にしていこうではありませんか」

この演説で気がつくのは、安倍首相は「(先の戦争で)アジア諸国民に苦しみを与えた事実から目をそむけてはならない」と言いながら、日本での戦没者慰霊祭では、第2次内閣の2013年8月15日以来継続して、「アジアへの謝罪はなじまない」(朝日新聞)と言って加害責任を削除していることだ。米国では「アジアへの加害責任」に触れておきながら、日本では、肝心の戦没者追悼式で、アジアへの加害者責任を削除しているというのは、アジア軽視、中国無視の姿勢があると言わざるをえない。

安倍晋三という政治家が、自らの保身のために米国に媚《こび》を売り、米国の言いなりになろうとしていることが見受けられる。

上皇陛下も戦没者追悼式で、「ここに過去を顧み、深い反省とともに、今後、戦争の惨禍が再び繰り返されないことを切に願い」と述べて、戦争中にアジア諸国に与えた加害行為に対して「深い反省」を表明されていた。ところが安倍首相は、戦没者追悼式ではアジアへの深い反省と謝罪をしておらず、この姿勢は「平和を願う天皇陛下」と「好戦的な安倍晋三」として国際的に広がっている。

日本の価値観外交は欧米向き、アジアに通用しない

第2次安倍内閣は就任演説（2013年1月）で、「(外交方針は）単に周辺国との二国間関係を見つめるだけでなく、地球儀を眺めるように世界全体を俯瞰《ふかん》して、自由、民主主義、基本的人権、法の支配といった、基本的価値観に立脚し、戦略的な外交を展開していく」と述べた。

このような基本的価値観を共有する国々と連携していくという外交戦略が「価値観外交」であり、その「価値基準」は「自由、民主主義、基本的人権、法の支配」を指す。そうなると、共産主義体制をとる中国とは、「価値観が異なるから対象にならない」ことになり、この点、米国とは大きな違いである。

政府が新しく設置した国家安全保障会議では、日本の安全保障戦略として「国際協調主義にもとづく積極的平和主義」を掲げている。「積極的平和主義」には、とくに定義はなく、「日本が集団的自衛権を保有して米軍の軍事作戦に協力していけば、世界は平和になる」という安易な考えが読み取れる。これに基づいて行っているのが、地球俯瞰外交と称する中国包囲網形成の外交である。

7 オバマもトランプも「日本より中国を優先する」

日米防衛ガイドライン改訂を事前に中国へ伝えたオバマ

前述した安倍首相の演説の直前の4月27日に、ニューヨーク市内で日米の外務・防衛担当閣僚協議（2プラス2）が開催され、「日米防衛協力のための指針」（ガイドライン）の改訂が決まった。

この指針の決定は「アジア太平洋地域およびこれを越えた地域が安定し平和で繁栄したものになる」ことを目的とし、日米の安全保障協力を拡大するものである。指針改訂の狙いは、中国による海洋進出と安全保障環境の変化を受け、日米がアジア太平洋を越えた地域で連携していき、自衛隊の米軍支援を大幅に広げようとするものだ。したがって、中国から見れば「日本は専守防衛を超えているではないか」との反論が出てくる。

ところが米国は、このガイドラインの改訂調印の前に、改訂内容を中国に通知していたのだ。中国外交部はこのガイドラインの発表があったときに、「ガイドラインの改訂については、事前に米国から中国に説明があった」と述べており、安倍首相の訪米に関しても「米国と中国との間で、ある程度話がついていたのではないか」と報じられている（東洋経済オンライン、2015

年4月30日付)。

さらに私が東洋経済オンラインの担当記者に直接聞いたところでは、「(日本の)官邸は米国が中国にガイドラインの改訂を事前に通知していたことを知っていた。私はこの情報を官邸で取った」とのことであり、日本は米中の蚊帳《かや》の外に置かれていたのだ。

米国は「日本が改訂したいと言ってきたので、改訂に応じた」という態度で中国に伝えていることからみても、オバマ政権は中国との共存共栄関係を前提とし、「日本よりも中国を優先している」ことがはっきりと読み取れる。

安倍首相訪米直前に習近平に親書を送ったトランプ

２０１７年2月11日にトランプ大統領は安倍首相と初めての公式会談に臨んだが、3日前の8日に、トランプは習近平中国国家主席に親書を送り、しかも直前の10日には電話をしている。習近平国家主席に送った親書では、「米国と中国の双方に恩恵を与える建設的な関係を発展させていくために、習主席との協力を楽しみにしている」と述べている。

トランプと会談するにあたって、安倍首相が当初考えていた発言内容は、「中国を日米両国の敵と位置づけることによって、日米同盟の重要性を再確認する」というシナリオであったと伝えられていたが(日刊ゲンダイ、２０１７年2月10日付)、このシナリオは大きく崩れてしまった。「米中関係は日米関係よりも重要性が高いこと」を、あえてトランプは直前に中国首脳に伝えたのである。

この2つの事例からはっきりと読み取れるのは、「中国を敵視する安倍首相の政治姿勢を、米国は受け入れていない」という方針であるのに、日本の外交が中国敵視的姿勢であることだ。これは、政府自民党が憲法改訂を実現するには「国難をでっち上げておく」ことが必要であるとの認識に立っているからだろう。安倍首相の基本的な考えは、日本を「戦争のできる国」にし、そのためには、あらゆる機会を利用しようという、戦前回帰の考えである。

8 中国包囲網外交で孤立する日本

首相が戦後初めての死の商人

第2次安倍内閣は2014年4月に、武器輸出三原則に代わる「防衛装備移転三原則」を閣議決定し、事実上、日本は武器を輸出できる国になった。

同年7月に行われた安倍首相と豪州アボット首相との会談で、両首脳は「日豪防衛装備品・技術移転協定」に署名し、防衛装備品、技術移転研究、共同研究、共同開発および共同生産を通じて、日豪間のより深化した協力を容易にしようとしている。まさに日本が軍事用品の製造協定を締結したのだ。

しかし、日本、ドイツ、フランスの三国がオファーした「潜水艦輸出」はフランスに取られてしまった。オーストラリアの最大の貿易相手国は中国であり、日本製の潜水艦を買うと、中国を敵に回すような印象を与えることになるからだ。オーストラリアは米国の同盟国（「太平洋安全保障条約」を締結したのは米国、オーストラリア、ニュージーランド）でありながら、安倍首相の中国包囲網には参加せず、中国を敵視する考えはまったくないのだ。

フィリピンに1兆円援助を提案

２０１７年１月12～13日に安倍首相はフィリピンを訪問し、「米国とフィリピンの共同訓練に自衛隊が参加し、防衛装備や訓練・演習などで協力を進める考えを示した」と報じられた（東京新聞、２０１７年１月17日付）。

「日本は集団的自衛権を行使できる」という閣議決定（２０１４年７月）をしたとはいえ、日本が防衛上の危機に直面していないのに、「米国とフィリピンの共同訓練に自衛隊が参加する」こと自体、明らかに専守防衛を超えた憲法違反の行動である。

フィリピンは中国包囲網には賛成しておらず、むしろ「中国敵視は危険な対応である」との姿勢を見せている。同国は米国と相互防衛条約（軍事同盟）を締結しながら、中国敵視はしておらず、日本の中国包囲網に同意していないのだ。

日印防衛協力は陸海空軍に拡大（事実上の軍事同盟）

安倍首相は2017年9月13～15日にインドを公式訪問してモディ首相と会談し、インド版の新幹線、原子力、モノづくりなどでの二国間の協力に合意するとともに、二国間防衛協力の拡大についても話し合われた。これは、見逃してならない重大なテーマである。

この会談では、これまで「海軍」だけに限定してきた日印の防衛協定を、インド陸軍・空軍と日本の陸上・航空自衛隊にも拡大することで一致し、それぞれ合同演習や訓練を実施するとともに、相互訪問を実現して連携を深めていくことになった。

インドは独立後の初代ネルー首相の方針で非同盟主義を貫いてきたが、中国が掲げる「一帯一路」の一大プロジェクトにはインド国内を通過するルートが入っているために、中国への警戒感を強めている。そこでモディ首相は方針を変えて、日本と防衛協定を締結した。一方、日本では、中国包囲網形成に熱心な安倍首相がインドに積極的に接近し、今回の歴史的な合意に達したのだ。

日本国民にはあまり知られていない内容だが、陸海空の三軍で、日本がインドと防衛協定を結んだのは驚くべきことで、集団的自衛権行使を容認した閣議決定をしたとしても、「フルスペック」（攻撃型の演習もできる）で軍事演習をすることは専守防衛を超えた憲法無視の行動である。

日本とインドの軍事演習については、2007年に、海上自衛隊がインドからの招待という形で米印海軍の軍事演習である「マラバール」に参加した。その後、2008年と2010～2013年は不参加であった。これは、日本が民主党連立政権であったために、参加を拒否したのだ。ところが安倍政権になってから、積極的平和主義のスローガンの下で、ついに米軍以外との軍事演習に参加した。このほかインドとは、防衛装備品（武器）の共同開発、具体的には無人軍用車両、軍事用ロボット技術、民間技術の軍事転用などに対する協力も盛り込まれた。

いつの間にか、日本はインドと軍事面で協力するという、積極的平和主義が軍事協力になったのだ。インドは、日本から南シナ海、インド洋を経て到達する〝はるかに遠い〟国であり、相互の防衛協力は効果的とはいいがたい。しかも今回の防衛協定は、中国を牽制するための中国包囲網の一環として位置づけているが、平和主義を疑われる行為である。

日印防衛協力は解消させるべきである。

「日米排除」に動くアセアンの「行動規範」

現在、アセアン（ASEAN：東南アジア諸国連合）は中国と南シナ海での紛争防止に向けて「行動規範」（COC）づくりを急いでいると報じられている（日本経済新聞、2019年11月27日付）。

この構想は、当初はアセアン諸国が中国の南シナ海での軍事活動（スプラトリー人工島への軍事基地建設）を封じるために、中国を入れて提案したものである。中国は「行動規範」づくりを渋っていたが、国際司法裁判所が「スプラトリー諸島はフィリピンの所有で、中国の人工島建設は違法である」との判断を示したので、中国が国際社会の要請に応じてルールづくりを余儀なくされたのである。

こうして中国が参加してアセアン諸国がまとめた「行動規範」の最初の案には、「中国は域外国の企業との海洋経済協力を禁じたり、域外国との共同軍事演習を抑制したりする義務を参加国に課すことを提案する」という内容がある。ここに中国の意向が盛られている。

さらに中国は「アセアンを自国に都合のよいルールで縛り、南シナ海への第三国の関与を排除・制限する内容」（日本政府関係者の見解）を入れている。「第三国の関与」とは、「米国と日本の軍事演習」である。日本が注意すべきことは、南シナ海から「日米を排除しよう」とする中国の意向がアセアン諸国の「行動規範」に盛られようとしていることであり、南シナ海での日米共同演習を抑制しようとする中国の意向にアセアン諸国が賛成していることだ。

日本が米国従属、中国敵視外交を継続しているうちに、アセアン諸国の心が日本から離れ、中国に傾斜していく流れになっており、日本は一段と孤立してしまうだろう。

第5章

中国の「日本封じ込め」
――米国同調から単独行動へ

1 首相の靖国神社参拝を絶対に認めない米中韓と国際社会

主要国から批判される靖国神社参拝

２００１年４月に就任した小泉首相は、毎年８月15日に靖国神社を参拝し、中国や韓国のみならず、欧米のメディアからも批判されていた。最近では、２０１３年12月26日午前11時に安倍首相が靖国神社に参拝し、「私人として玉串料を奉納し、〝内閣総理大臣　安倍晋三〟と記帳した」（菅官房長官）。このニュースは瞬時に世界を駆け巡り、中国と韓国のみならず、米国、欧州、ロシアなどからも、ごうごうたる非難が出た。

率先して非難した中国は、「極めて大きな憤慨を覚える。靖国神社は対外侵略を精神的に支えた場所でA級戦犯が祭られている。国際社会への挑発で、中国、韓国の感情を傷つけた」「靖国問題は日本が軍国主義の侵略の歴史を正確に認識し、深刻に反省できるかどうかという問題だ」と抗議した（中国の外務省・秦剛報道局長）。

韓国各紙は「安倍の挑発で韓日関係は崖っぷち」「平和憲法に正面から逆らう意志が込められている」「戦争被害者である周辺国を度外視した傍若無人の挑戦だ」「韓日関係が破局に向かって

奔走している」など、極めて手厳しい。

　とくに注目すべきことは、米国政府が直ちに「日本の指導者が近隣諸国と緊張を悪化させるような行動をとったことに、米国は失望している」と非難声明を出したことだ。さらに米国のマスメディアは「安倍首相の靖国参拝は中国、韓国との緊張をさらに高める危険なナショナリズムだ」「安倍の究極の目標は日本の平和主義的な憲法を書き換えることだ」（ニューヨーク・タイムズほか）と論じた。

　このほか英国、フランス、ロシアまでも安倍首相の靖国参拝を批判するというのは極めて異例なことであった。主要国は、これほど安倍首相の戦前回帰の保守主義・軍国主義を懸念しているのだ。

米国は靖国神社を認めない

　安倍首相が靖国神社に参拝する前の２０１３年10月3日に来日した米国のジョン・ケリー国務長官とチャック・ヘーゲル国防長官は、ともに東京の千鳥ヶ淵戦没者墓苑を訪れて献花しており、「米国は靖国を認めない」というメッセージをはっきりと表明していた。これを無視して強行したのが安倍首相の靖国神社参拝だ。

　米国は「（安倍晋三首相の歴史観については）第二次大戦とその後の日本占領について、米国の認識と対立する恐れがある」という議会報告書を発表している（朝日新聞、２０１４年２月26

日夕刊）。

靖国神社参拝が許されない「歴史認識」と「A級戦犯合祀」

なぜ、靖国神社参拝がこれほど批判されるのか。その根拠は、靖国神社が発行したパンフレット「私達の靖国神社」に明記されているとおり、「靖国神社の歴史認識」と「A級戦犯の合祀」にある。この公開されたパンフレットから主要部分を抜粋すると、次のようになる（本書での靖国神社に関する情報は『靖国参拝の何が問題か』〈内田雅敏著、平凡社新書、2014年〉などの公表された資料による）。

「戦争は本当に悲しい出来事ですが、日本の独立をしっかりと守り、平和な国として、まわりのアジアの国々と共に栄えていくためには、戦わなければならなかったのです。……（中略）……また、大東亜戦争が終わった時、戦争の責任を一身に背負って自ら命をたった方々もいます。さらに戦後、日本と戦った連合軍（アメリカ、イギリス、オランダ、中国など）の、形ばかりの裁判によって一方的に、〝戦争犯罪人〟という、ぬれぎぬを着せられ、むざんにも生命をたたれた一〇六八人の方々、靖国神社ではこれらの方々を『昭和受難者』とお呼びしていますが、すべて神様としてお祀りされています」

さらに、靖国神社遊就館の展示室15「大東亜戦争５」の壁に、「第二次世界大戦後の各国独立」と題したアジア、アフリカの大きな地図が掲げられ、ここでの説明から要旨を抽出すると、次のとおりである。

「アジアの独立が現実になったのは大東亜戦争緒戦の日本軍による植民地権力打倒の後であった。日本の占領下で、一度燃え上がった炎は、日本が敗れても消えることはなく、独立戦争などを経て民族国家が次々と誕生した」

これらの記述からわかるのは、「大東亜戦争は侵略戦争ではなく、植民地解放のための戦い、聖戦だったのだ。それなのに、戦後、連合国に一方的に、〝戦争犯罪人〟というぬれぎぬを着せられた。つまり、彼らはすべて無罪であった」ということである。これが靖国神社の歴史観であり、突き詰めていけば、「ポツダム宣言の否定、東京裁判の否定」となり、「侵略を否定し、台湾、朝鮮、満州、中国本土への植民地化を肯定する」ことになる。

日本の首相や閣僚が靖国神社を参拝することが内外で強く批判されるのは、「戦後の国際的秩序を全面的に否定し、戦前の日本の行動（大東亜戦争）は正しかった」という靖国神社の歴史観を認めていることになるからである。米中をはじめ、世界のどの国も、日本の戦前の軍国主義復活を絶対に許してはいないのである。

長年、駐日中国大使を務めた程永華氏は、「中国は首相の靖国神社参拝を永久に許さない」と日本のテレビで公言している（BSフジ「プライムニュース」2019年4月17日放送）。

2 「日本封じ込め」は米中の密約か

キッシンジャーと周恩来の合意は今でも生きている

第1章で述べたとおり、1971年に訪中したキッシンジャーは周恩来首相に「日米同盟は日本の軍国主義の再興を封じ込めるのが目的であり、中国を敵視するものではない」と詳細に説明し、「中国が米国と国交を回復すれば、中国は米国と共同して日本を封じ込められる」と説得した。これによって周恩来は、日米同盟の真の意義を理解し、米国に対する疑念が払拭《ふっしょく》されたのである。この事実は、2013年のオバマ・習近平会談でも確認されている（三船恵美「米中和解と日中関係」『日中関係　なにが問題か』岩波書店）。

さらに1972年2月にニクソン大統領とキッシンジャーが北京を訪問し、周恩来をはじめとする中国首脳と会談したときには、「日本封じ込め」が議論され、次のような約束（密約）が交わされたとの報道もある（国際政治アナリスト・伊藤貫氏、ジャーナリスト・青木直人氏からの情報）。


「東アジア地域において日本国だけには核武装をさせない」

「日本が独立した外交政策、軍事政策を実行できる国になることを阻止する」

「米国は米軍を日本国内の基地に駐在させておく。それは日本を属国として封じ込めるためである（ビンの蓋）」

「日本が独立して台湾や朝鮮に発言権を持つことを米中共同で潰す」


この見解は、公開されている論文でも大筋で確認できる（徐顕芬「克服すべき一九七二年体制」前掲『日中関係　なにが問題か』）。この論文で徐教授は、米中首脳間で「日本封じ込め」の合意がなされたと論じている。

米中には「秘密協定」がある

前掲の『Ｃｈｉｎａ ２０４９』（日経ＢＰ社）の著者であるマイケル・ピルズベリーは、２０１５年に来日したときに日本経済新聞社の論説委員・秋田裕之氏と面談し、秋田氏の「米中関係は冷えていくのではないか」との質問に対して、「米中は対立しない。（米中で秩序を仕切る）

G2だってありうる。両国には長い秘密協定の歴史があるからだ」（日本経済新聞、2015年12月20日、第2面「風見鶏」）と述べ、米中秘密協定の存在を明らかにしている。

同「風見鶏」には、マイケル・ピルズベリーに面談した編集委員・秋田浩之氏の記事が掲載されている。それによると、秋田氏が10月下旬に面会したときに、同氏は「冷戦以来、米国がどれほど中国を助けてきたかを列挙し、だまされた」と悔やんだ。秋田氏は「米中関係は冷えていくのではないか」と質問したところ、「米中は対立しない。（米中で秩序を仕切る）G2だってありうる。両国には長い秘密協力の歴史があるからだ。しかも、米国は一切、その実態を日本に教えてこなかった」と答えた。

2015年11月下旬に再来日したピルズベリー氏に秋田氏がもう一度会い、中国に対する米国の姿勢を尋ねた。

「次期大統領候補は選挙中に中国をたたくが、就任後、秘密協力の実態をCIAから知らされれば、中国と折り合おうと思い直す。中国も、強大になるまでは米国との協力が必要なので、本気で怒らせるほどには挑発しない」

子ブッシュ政権当時、「タカ派のチェイニー副大統領やラムズフェルド国防長官ですら、〝中国に過度に強硬に接すべきではない〟との認識を示した」という。その背景には、米同時多発テロや北朝鮮問題で、中国との協力は無視できないものになっていることがあげられる。

ピルズベリーは最後に、「日本に少し罪悪感を感じている」とつぶやいた。「組むべき友人は日本ではなく中国だ」というキッシンジャー元国務長官らの対中重視路線に乗り、日本を軽視してしまったからだという。

いずれにしても、ピルズベリーの言うように「米中秘密協定」は存在する。中国は米国とともに第二次大戦の戦勝国であり、国連の安全保障理事会の常任理事国である。「日本封じ込め」が米中共通の対日戦略であることは、間違いない事実である。

3 尖閣諸島の「日本単独の主権」を認めない米国

米国は尖閣諸島の主権に中立の立場

すでに述べたとおり、日本政府（野田佳彦政権）は、反対する中国を無視して、さらに外務省の反対を押し切って、２０１２年９月11日に尖閣諸島を国有化した。しかし、歴史を遡ってみると、１９７２年の田中角栄と周恩来会談では「ここでは触れないでおこう」と棚上げが決まっており、さらに１９７８年10月に来日した鄧小平も「尖閣は１００年、２００年先の賢い人が考えればよい」と言って、事実上の棚上げが確認されていたのである（ＮＨＫスペシャル「戦後70年ニッポンの肖像――〝平和国家〟の試練と模索」）。

「尖閣は日中共有の島である（主権は両国にある）」というのが、国際法上の正しい認識であった。国際法では、首脳同士の発言や約束に法的な効果があるからだ。

２０１４年4月に来日したオバマ大統領は、共同声明後の記者会見で「（共同声明では）尖閣諸島には日米安保条約が適用される。（条約上の）コミットメントは、尖閣諸島を含め、日本の施政下にあるすべての領域に及ぶ。この文脈において、米国は、尖閣諸島に対する施政を損じようとする、いかなる一方的な行動にも反対する」と述べたあとで、次のように述べている。

「米国の立場は新しいものではない。以前、ヘーゲル国防長官やケリー国務長官が訪日した際にも、米国は一貫した立場を表明した。米国は尖閣の最終的な主権の決定について特定の立場をとらないが、尖閣は歴史的に日本の施政下にあったし、一方的な変更はすべきではないと考える」

つまり、米国は「尖閣は日本の施政権下にある（日本が実効支配している）が、（米国は）主権について関知しない」という立場を一貫して堅持していることになる。このように、米国は尖閣諸島には中国の主権もあることを暗黙の裡に支持している。

トランプ政権も同じ意見

トランプ大統領になってからは、２０１７年2月3日にマティス国防長官が来日し、「尖閣諸島は日米安保条約第５条の適用範囲である」と、オバマと同じ考えを述べている。

日米安保条約第５条は「各締結国は、日本国の施政権下で武力攻撃があった場合、自国憲法に従って行動する」と書いてあるだけで、尖閣諸島に大事が起きたら、米軍が直ちに参戦することはありえない。米国憲法では、参戦権は議会にある。「米国が第一」を主張しているトランプが、「直ちに尖閣諸島防衛に参戦してくることは絶対にありえない」と考えるのが妥当な認識であろう。「主権にかかわることには、米国は関与しない」とするオバマ政権と同じである。

オバマもトランプも「米国は尖閣諸島の主権には関与しない」ということは、日本が尖閣諸島の「主権」を主張して中国と紛争を起こしたら、「米国は関与しない」と明言するだけである。

これは、結果的に「中国の日本封じ込め」を背後から支援していくことになる。

4　中国で強まる「反日感情」と「日本封じ込め」

中国が展開する「日本軍国主義反対」の一大キャンペーン

尖閣諸島を巡る反日デモは、２０１２年８月15日に始まった。日本では東京都が尖閣諸島を購入しようという動きが表面化し、それを奪い取るような形で野田首相（民主党）が国で買い取る方針を発表したからである。

当日、中国本土、香港、マカオの活動家と人民解放軍幹部が設立したフェニックステレビのクルーが乗船する船舶が日本の領海を越えて尖閣諸島に接近し、数名の活動家が尖閣諸島に上陸した。彼らの行動と海上保安庁による検挙はフェニックステレビによって生中継された。海上保安庁によって彼らは逮捕され、強制送還されてから、中国では反日デモが繰り広げられたのである。

同年9月11日、野田内閣が民間の所有者から尖閣諸島を買い取る契約を閣議決定してから、中国メディアが大々的に特集を組んで尖閣問題を放映し、中国国民の反日感情を煽り、各地で日本企業に対する大規模な襲撃が引き起こされたのである。日系スーパーに対する破壊活動と略奪行為が目立ち、その行動は「デモではなくテロだ」という声が上がっていた。

中国政府は、一連の反日デモによって日系企業が受けた損害は「日本が負うべきである」「事態が深刻化するかどうかは日本側の対応にかかっている」と日本側の尖閣諸島国有化を批判した。

当時、次期の国家主席に内定していた習近平国家副主席は、日本の尖閣国有化について「日本は中国の主権と領土を侵害する誤った行動を直ちにやめるべきだ」と糾弾した。さらに「日本国内の一部の政治勢力が茶番を犯している」「国有化が領土問題を激化させた」と批判し、尖閣諸島に対する日米安保の適用について「米国が釣魚島の主権問題に介入せず、事態を複雑にさせないことを望む」と牽制していた。

米国のパネッタ国防長官は「尖閣諸島が日米安保条約の適用範囲内ある」と言及したが、領有権の正当性に関しては触れなかった。「尖閣諸島の主権には米国は関与しない」という立場を、ここでも明確にしている。

尖閣諸島の国有化は、日中外交の最大の失政であり、両国民の間に「嫌中」「嫌日」感情を引き起こした最大の障害である。これこそ、両国の和解を阻害している要因になっている。

トランプ時代に入り中国は単独で「日本封じ込め」を強化

すでに述べたとおり、オバマ大統領時代の2013年にケリー国務長官は北京を訪問し、「米中は共存共栄時代に入っている」と演説し、米中の新時代を宣言した。一方、2012年12月に就任した日本の安倍首相は、価値観外交と称して「価値観が同じである米国」には従属するが、「価値観の異なる中国は敵視して包囲網外交を展開する」という外交方針をとってきた。

さらに2014年7月1日の閣議では、憲法第9条が禁止してきた集団的自衛権を容認する閣議決定（解釈改憲）を強行し、翌年の2015年9月には参議院の乱闘国会で集団的自衛権行使を容認する新安保法案を成立させた。これによって、日米中三カ国の均衡に変化が生じたのである。

米国では2017年1月にトランプ大統領（共和党）が就任し、「アメリカ・ファースト」の戦略を掲げて、中国との関係で米国劣勢に陥っている「バランス・オブ・パワー」（勢力均衡）を是正することを国家戦略と位置づけた。具体的には、貿易不均衡の是正（貿易戦争）、軍事力の強化、中国の情報産業の抑止など、あらゆる面で「中国封じ込め」と、米国の国力の回復に尽力している。

したがって、中国との共存共栄戦略は大きく変わってきている（第6章参照）。

日本との関係で見ると、トランプ大統領は、軍事費節減のために、従来、米国が担ってきた東シナ海のシーレーンの覇権維持のために日本の自衛隊を参加させようとしている。トランプの要請は「戦前回帰、軍国主義復活」を狙う安倍首相の望むところであり、すでに行われている海上自衛隊の米海軍との共同演習が実施されている。

日中軍事衝突を招く危険な日米軍事演習

２０１７年5月に、米国は、南シナ海での「航行の自由作戦」（中国の人工島スプラトリー諸島占有を否定する軍事演習）を再開し、ここに日本の海上自衛隊のヘリ空母「いずも」を参加させた。米軍との共同演習や沿岸諸国への寄港などの共同訓練を実行した。

共同演習の仮想敵国は中国なので、中国は神経をとがらせ、「日本の自衛隊の参加は専守防衛違反である」と強く批判した。さらに、２０１８年9月には、ヘリコプター空母「かが」、潜水艦「くろしお」、護衛艦「いなづま」、同「すずつき」を南シナ海に派遣し、横須賀を中心とする米艦隊と対潜水艦訓練を行った。

中国が南シナ海の支配を固めようとし、米海軍がそれに対抗しようとしているときに、海上自衛隊が南シナ海まで約４０００キロも南下し、米軍と合流して中国潜水艦を探知、撃破する日米共同演習を行っていることは、明らかに専守防衛違反であり、改正安全保障法でも逸脱した行動である。

中国が直ちに「専守防衛に反する軍事行動である」と強い非難声明を出したことは当然であり、海自隊が南シナ海まで進出して米軍と軍事演習をすることは、中国への挑発行為である。「日本向けの石油タンカーを防衛するため」という理由づけは、かえって逆効果である。

米国が「航海の自由を確保するための軍事演習」と言っても、中国は南シナ海での自由航海を妨げたことは一度もない。こうした事実を無視して海上自衛隊が南シナ海まで南進する活動は、中国を挑発するだけで、不測の事態を起こしかねない愚行である。「日本は中国と戦争する気があるのか」（軍事評論家・田岡俊次氏）と懸念される状況だ。こうしたことをしていては、中国は単独でも「日本封じ込め」を強めていくであろう。

第6章

歴史的転換点となった2016年

1

実利より主権優先——グローバル神話の崩壊

英国で「新自由主義反対、グローバル化反対」の動き

英国では2016年6月に実施された国民投票でEU（欧州連合）離脱派が勝利し、米国では11月の大統領選挙でドナルド・トランプ（共和党）が当選した。ともに事前のマスメディアの予想に反する結果であり、英米の国民が、直接投票で、過去三十数年継続してきたグローバル化（ヒト・モノ・カネの自由な流れ）とグローバリズム（新自由主義、1％の国民に国富を集中する政策）に反対を表明した結果である。

大マスコミ（大手新聞、テレビ）の予想に反した結果となったのは、彼らがグローバル化やグローバリズム的思考に洗脳され、時代の流れを読み取れなかったからだ。

新自由主義を最初に政策にとり入れたのは、英国（サッチャー首相、1979年）と米国（レーガン大統領、1981年）であり、「新自由主義反対・グローバル化反対」の、「のろし」を上げたのがこの両国であったことは極めて印象的なことである。英米両国で国民が選んだ行動には、歴史的意義が認められる。

国民が直接投票によって政治経済体制を覆す行動を「ポピュリズムだ」といって揶揄《やゆ》する意見が多い。しかし、ポピュリズムは「一般大衆の考え方・感情・要求を代弁しているという政治上の主張・運動」（『広辞苑』）であって、ポピュリズムを軽視すべきではない。これは一般国民の権利の発動である。

ＥＵ憲章を批准せずユーロにも参加せず

「英国はヨーロッパの一国ではない」（ウィンストン・チャーチル元首相）という発言に代表されるように、英国人には「欧州人だ」という意識が薄い。ＥＵに加盟すると、英国はＥＵ大統領とＥＵ官僚組織の配下に位置することになるので、「主権を制約される」ことになる。しかし英国は、ＥＵの基本理念である「ヒト・モノ・カネの国境なき自由化」という経済的な実利を求めて、ＥＵ発足時点（１９９３年）から加盟している。

ところが加盟後の状況を見ると、英国だけに許されている例外規定がいくつかある。二大特例は、「①ＥＵ社会憲章を批准していない」「②欧州統一通貨であるユーロに参加していない」ことである。

ＥＵでは１９９９年に欧州社会憲章が発効され、さらに２０００年3月には「リスボン戦略」で「ＥＵは福祉重視の資本主義（顔のある資本主義）を目指す」という国家観が制定された。ところが英国は、現在に至るまで欧州社会憲章を批准していない。サッチャー首相が導入した新自由主義が依然として生きているので、ＥＵと英国は国家理念で相いれない立場にあるのだ（「主権」の対立）。

ＥＵの基本条項を定めたマーストリヒト条約（１９９３年）では、統一通貨ユーロを創設し、一定の経済的条件を満たした国は参加できることになっている。ＥＵ加盟国でユーロに参加を希望する国は、欧州中央銀行（ドイツのフランクフルトに創設）に申請する。ユーロ採用の許可が下りた国は、１９９８年末の時点で参加国同士の為替相場を固定し、翌年からは国際間の決済通貨として利用された。さらに２００２年1月1日からは、参加国内でユーロの紙幣と硬貨に統一されたのである。

どの国でも経済政策には「金融政策（金利の上げ下げ、通貨量の増減調整）」「外国為替政策（自国通貨の外国通貨に対する相場の上下調整）」と「財政政策（政府の税率決定と財政支出金額の調整）」の３つがある。しかし、自国通貨をユーロに統一すると、自国では金融政策（金融主権）と外国為替政策（為替主権）がなくなる。財政政策は自国で自由に決められるが、「一国の政府債務はＧＤＰ（国内総生産）の60％以内にする」という財政規律が決められている。

英国がユーロに参加すると、「英国と欧州との取引に伴う為替リスクはなくなる」という実利はあるが、ユーロに参加しないで「為替主権と金融主権をすべて保有しているほうが経済政策に弾力性がある」と判断したのである。

グローバル神話の崩壊（保護貿易時代のほうが成長率は高かった）

ＥＵの特徴は、参加国の間で「ヒト・モノ・カネ」が自由に交流できるように障壁を取り払えば「国も個人も幸福になる」という考え（グローバル化のメリット）からきている。この利点を求めて英国はＥＵに加盟したのである。

ところが２００４年になって東欧諸国（旧共産圏）がＥＵに参加し、英国への移民が増えると、低賃金労働者が増加し、英国全体の所得水準を下げ、実質賃金の低下が継続するようになった。英国民には、「グローバル化すれば、国民は幸福になる（所得が増える）と聞いていたが、実態は逆ではないか」という懐疑心が広がっていた。こうした疑念は伝統的な保守主義者や学歴の乏しい労働者の間に広がり、これらの声を集約したのが英国独立党（ファラージ党首）を中心とした国民の声であった。つまり、グローバル神話に騙された国民がＥＵ離脱を選んだのだ。

保護貿易時代（１９６０～１９８０年）と自由貿易時代（１９８１～２０１０年）の経済成長率を比較してみると、保護貿易時代の平均成長率は、先進国で年平均３・２％、発展途上国で年３・０％であったが、自由貿易時代では各々年平均１・８％、２・７％となり、グローバル時代のほうが成長率が低いことが立証されている（ハジュン・チャン、ケンブリッジ大学教授の検証）。英国民の判断は実証的にも正しいことがわかる。

英国は２０１９年12月の下院議員院選挙でＥＵ離脱を掲げた保守党が大勝し、国民投票の結果が再確認され、正式にＥＵから離脱する。

離脱後は旧大英帝国からの移民に依存する

すでに英国では、サービス業を中心として移民に頼らざるをえない社会構造になっている。多くのホテル従業員、清掃業、看護師、建設労働者、自動車運転手、介護援助員、レストラン従業員など、多方面で英国社会を支えており、多くはEUからの出稼ぎ労働者である。英国のEU離脱で、彼らは労働ビザを更新せざるをえない。英国当局の方針は、「移民は必要だ。しかし計画的に人数を絞って入れる。今後は旧大英帝国からの移民を優先することになるであろう」といわれている。

グローバル化が英国民の実質賃金を下げる要因になっていたことが、英国のEU離脱の大きな要因であった。EUからの移民制限で最低賃金が上がり、労働コストが上昇すれば、消費需要の増加となり、経済成長率が高くなる要因になるのではないか。経済学に新しい課題が出てくるであろう。

2 トランプ当選の意義

――「米国が第一」と言わざるをえない事情

米国民がグローバリズムに反旗

米国の国力が衰退してきたのは、１９８１年に就任したレーガン大統領（共和党）がとった新自由主義政策（グローバリズム）によって、貿易赤字が増加し、さらに所得税と法人税の最高税率を大幅に引き下げた結果、米国が大幅な財政赤字に陥り、債務国に転落したことが原点である。

さらに貿易収支の面では、１９９３年にクリントン大統領がカナダとメキシコと北米自由貿易協定（ＮＡＦＴＡ）を締結したことで、製造業がメキシコへ移り、２００１年には中国をＷＴＯ（世界貿易機関）に最恵国待遇で加盟させたことで、中国の対米輸出が増加して、貿易収支が大幅な赤字に陥り、米国の国家債務は雪だるま式に累増していった。国内の工場が閉鎖され、海外に移転した結果、米国は雇用も技術も海外に流出し、中産階級は没落して、「１％の国民が99％の国民から所得を奪い取る」ことになり、所得格差は極端に拡大してしまった（第2章、図表２‐１参照）。

そこでトランプは、米国民の雇用を復活させることを最優先とし、選挙中には「中国からの輸入に45％の関税をかける」「ＮＡＦＴＡから離脱する」と宣言し、その方針はかなり具体化されている。つまり、多くの米国民は「グローバル化反対」「グローバリズム反対」という考えで、トランプを当選させたのである。

衰退期にある米国を意識した戦略

過去の歴史を振り返ると、19世紀の終わりから20世紀にかけては、英国とドイツが覇権争いをして第一次世界大戦になり、ドイツは敗れて覇権を失い、英国は経済力が弱体化して植民地を手放さざるをえなくなった。そして、これに代わって米国が台頭してきたのである。

第二次世界大戦後は、勝利国としてソ連邦が覇権国に入り、米国とソ連邦の時代が１９８９年まで継続したが、１９９１年12月にソ連邦が崩壊すると、米国が一極覇権国になった。ところが、第４章で述べたとおり、米国大統領の諮問機関が「２０３０年に米国は単独覇権国家ではなくなる」という衝撃的な報告書を発表しており、米国は一極覇権国体制を維持できなくなるであろう。そこで、覇権国家の衰退を遅らせ、復活を狙うのがトランプ大統領の戦略である。

米国の国際政治学者であるロバート・ギルピン（プリンストン大学教授）は『世界政治における戦争と変動』などの著書で、衰退していく覇権国家がとるべき戦略について述べている。それは、第1に、バランス・オブ・パワーを維持し、覇権国家の権威を保持するために、自国の国力を増強すること、第2に、覇権国家としての経費を削減することを中心にすべきであると提言している。

これを現在の米国に当てはめてみると、第1の「国力」とは「軍事力」「政治力」「経済力」からなっており、トランプは「軍事力」では「小型の原子爆弾をつくる」とまで踏み込んで、中国とロシアに対抗し、「政治力」では北朝鮮問題の解決に自らの決断で対応しようとしている。私は核兵器廃絶論者なので、核兵器を増産するような戦略には反対である。軍事力強化は別の方法で考えるべきだと考えており、この点はトランプに賛成できない。

「経済力」では、貿易赤字の拡大と財政赤字で政府債務が増え、その縮小策として、関税引き上げとＮＡＦＴＡからの抑制を進めている。さらに政府が国内のインフラ投資を2兆ドルも増やす景気振興策をとっており、これで税収が増えれば、財政赤字が減り、政府債務は縮小へ向かうであろう。

第2の覇権国家としての経費削減では、米軍の在外基地の負担を減らすために、関係国と交渉している。さらにパリ協定離脱も、米国の対外財政支出をやめるための戦略である。トランプが「日本やＮＡＴＯなどの同盟国は軍隊の維持費をもっと払え」と言うのは、覇権衰退国の理にかなった発言として理解すべきである。

米国の負担を増加させないで勢力均衡を図る戦略が「共存共栄」であり、オバマ政権のときには、米国は中国と「共存共栄」関係を約束していた。

現在の世界では、米国も中国も核武装しており、第二次大戦までの国際情勢とは大きく違い、どちらかが武力で相手を撃破できないことは両国ともに十分認識しているはずだ。しかし、オバ

図表6-1　米国の財政収支の推移

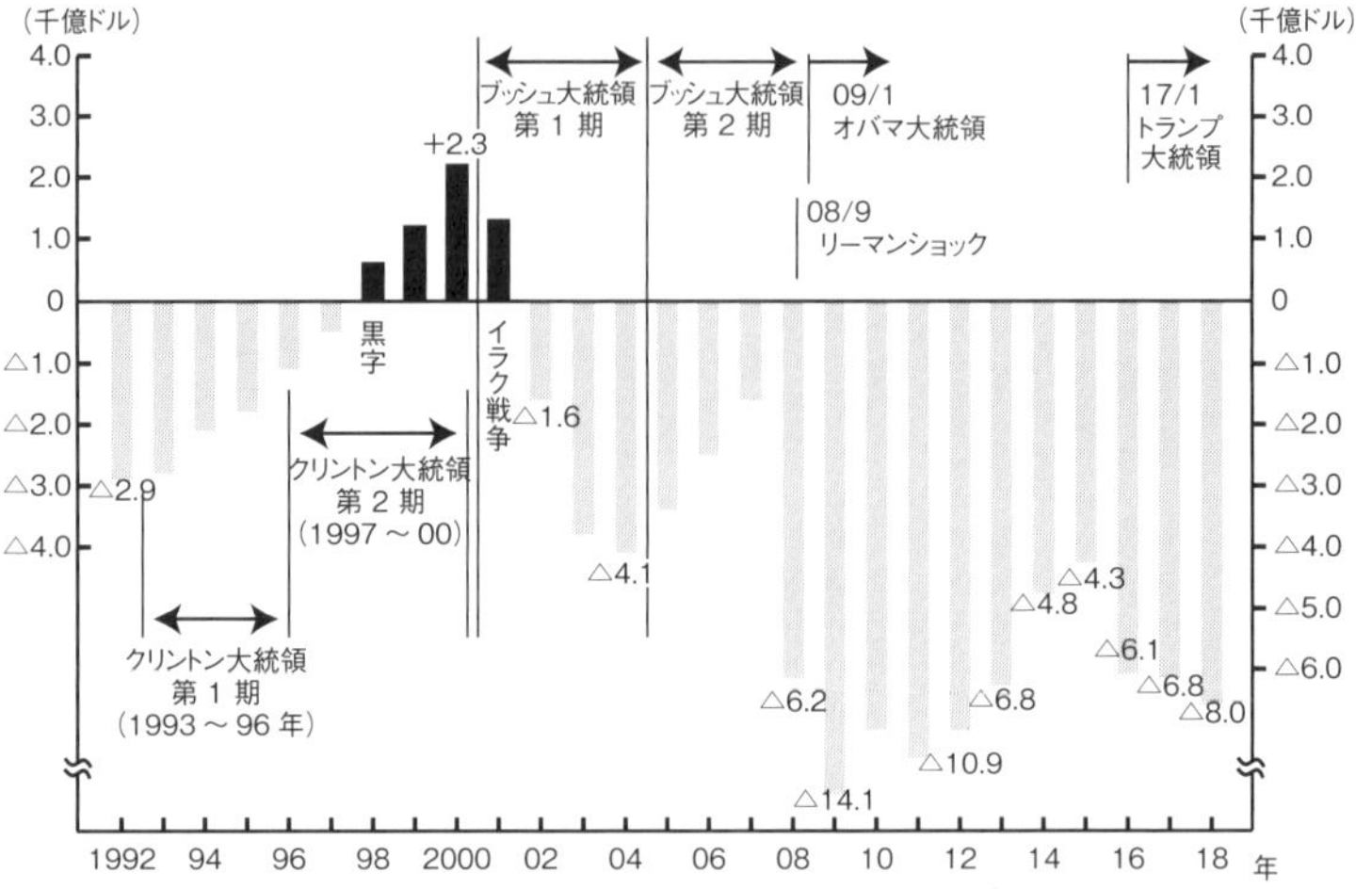

(注) ①2018年は見込み、②米国経済白書による

マ政権後の米国は、中国との勢力均衡で劣勢に立たされている分野が多く、「米国が第一」というトランプ政治の根幹は、政治経済両面で米国の国力を回復させようとする戦略である。

新自由主義政策による双子の赤字で債務累増

第2章の2で述べたとおり、米国はレーガン大統領(1981～1989年、共和党)のときに新自由主義政策をとり入れた結果、財政赤字と貿易赤字が拡大して「双子の赤字国家」になり、1985年には債務国に転落してしまった。その後、1993年から8年間のクリントン大統領(民主党)が予算支出を国内のインフラ投資(公共投資)に集中し、また法人税と所得税の最高税率を引き上げた結果、1998年には財政収支が黒字に転換した。米国の財政収支の推移をまとめてみると、図表6-1「米国の財政収支の推移」のようになる。１９９８年には財政収支が黒字になった。しかし、２００１年からの子ブッシュ大統領（２００１〜２００９年）による軍事支出の拡大と法人税と所得税の最高税率の引き下げで、財政収支はたちまち赤字に転落し（２００２年）、今日まで赤字基調が継続している。

貿易収支の動向を見ると、米国は、１９４７年にジュネーブで設立されたＧＡＴＴ（関税および貿易に関する一般協定）を発展的に解消して、１９９５年にＷＴＯ（世界貿易機関）に組織替えした。ＷＴＯは、新自由主義的理念をベースにとり入れ、①自由、②無差別（最恵国待遇、内国民待遇）、③多角的通商体制が基本原則になっており、モノの貿易だけでなく、金融、情報通信、知的財産権やサービス貿易も含めた国際通商ルールを協議する場となった。２００１年には、米国が積極的に支援して中国を最恵国待遇でＷＴＯに加盟させたのである。

米中間の貿易を見ると、ＷＴＯ加盟で中国の貿易量は飛躍的に増加した。とくに米国は門戸を開放して中国製品の輸入を歓迎し、貿易で得られた中国のドルをウォール街に引き込み、株式や債券への投資を誘引して、米国の金融関係者は多額の利益を受けた。

米国と中国との貿易関係を見ると、米国の貿易収支赤字の半分を占めるのが中国である（図表６‐２「米国の貿易収支赤字の推移」）。これが米中の貿易戦争と呼ばれる実態である。同時に中国は、輸出で得たドルを米国債に投資している。投資額は年々増加し、ついに中国の米国債保有額は、米国債の海外保有分の20％を超える額に達している。

図表6-2　米国の貿易収支赤字の推移

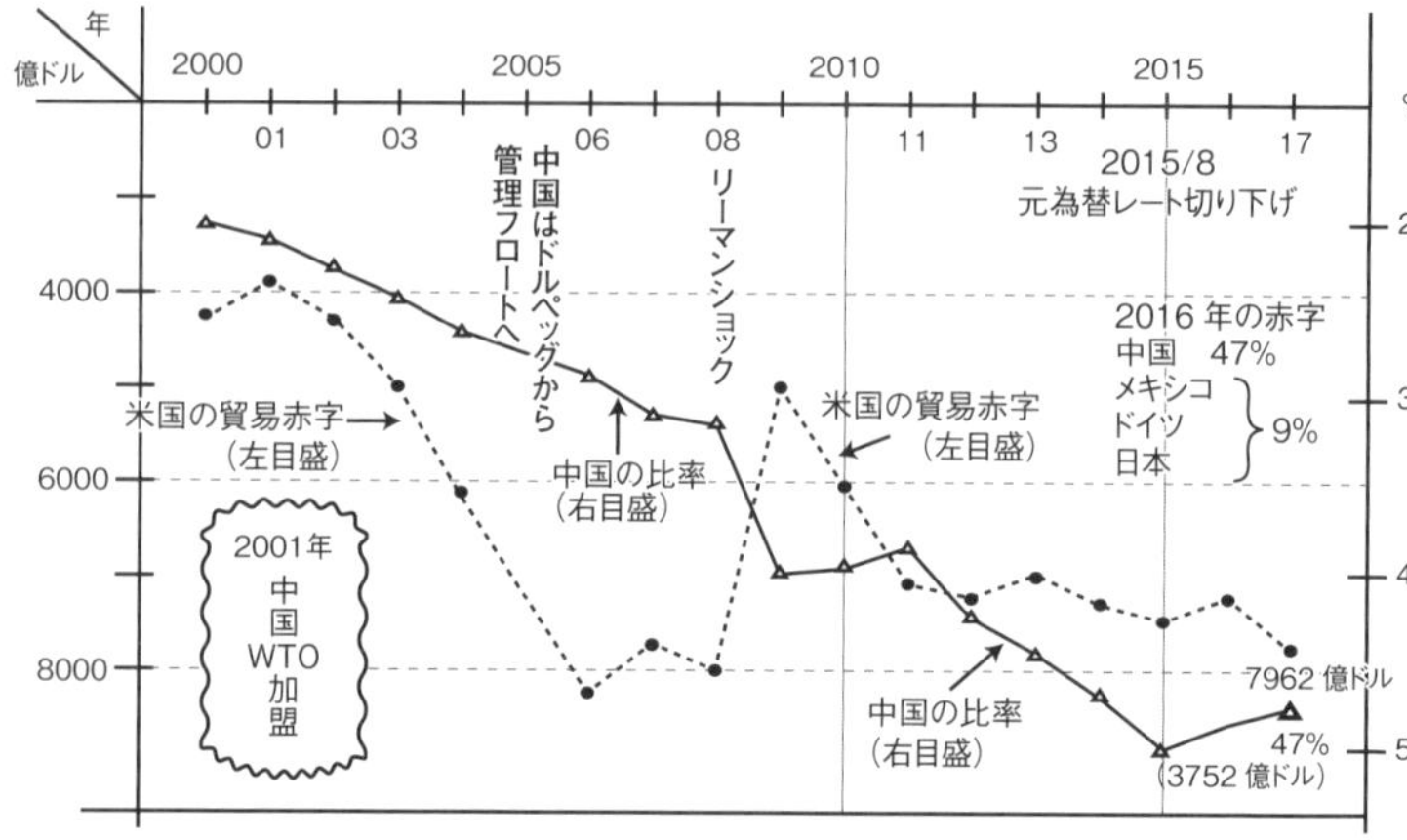

（出所）日本の通商白書 2017 より著者作成

累積債務のコストが軍事費を上回る危機

大統領選挙中にトランプ候補が強調していたのは、国家債務が累積していくと、債務コスト（国債の利息負担）が増加していく点である。トランプは、連邦財政上の問題点として、「債務コストが軍事費を上回るときが近づいている。これでは軍事費を増やせなくなる。国家の危機だ」と叫んでいたのだ。

そこで米国の国家債務（粗債務、名目総債務）の推移を見ると、図表6-3「米国政府の債務残高の推移」のようになる。政府の債務とは、一般政府（国・地方自治体、社会保障基金）の債務である。これが米国では2017年に21兆ドルに達した。このうち、一般政府が保有する金融資産（年金積立や外貨準備等）を控除した「純債務」で見ても、米国は15兆ドルの債務国

図表6-3　米国政府の債務残高の推移

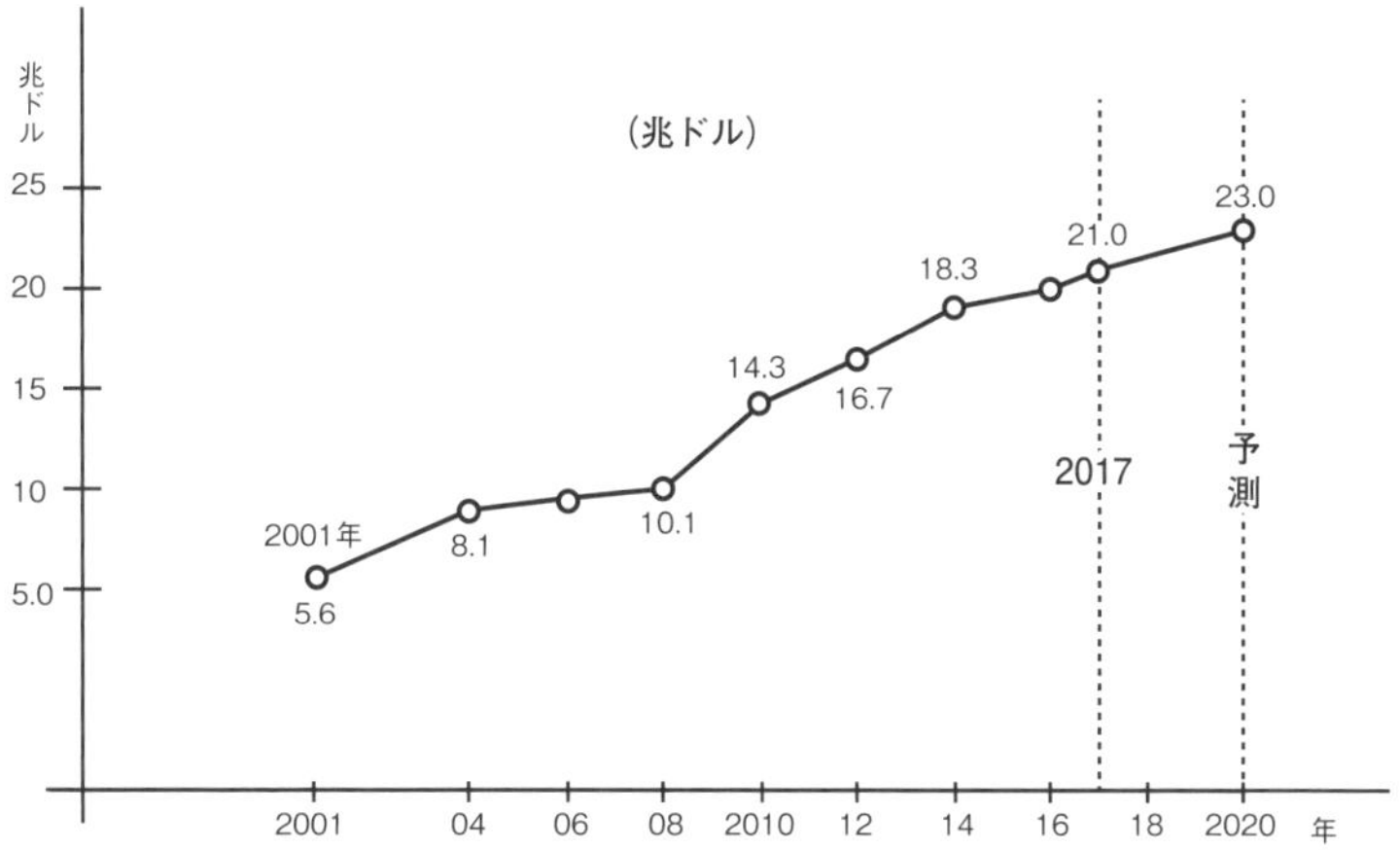

（出所）IMF による 2017 年 10 月時点での推計（2017 年まで公表）

図表6-4　米国の債務負担額と軍事費の関係

	政府債務	利息負担 金利　金額 (A)	軍事費(B)	(A)と(B)の関係
2016	兆ドル 20.0	年 1.8%　3600 億ドル	億ドル 6045	金利が低いため (A)＜(B)
17	21.0	年 2.5%　5250　〃	6170	
18	22.0	年 2.8%　6160　〃	6300	債務増加と 金利負担で (A)＞(B)
19	≀	≀　⋮	⋮	
2020	23.0	年 3%　6900　〃	6700	

（注）(1) 2018 年予算（2017/10〜18/9）で政府債務コストが軍事比を上回る
(2) 金利は、各年初の 3〜4 月の国債の長期金利（2018 年まで）2019、2020 年は推測
(3) 政府債務は IMF 統計（2017 年まで）2018 年以降は推測

である。

債務は政府が国債を発行することで生じるもので、国債の利息支払いが債務コストになる。トランプは「政府債務の利息負担が軍事費を超えるとなれば国家の重大な危機だ」と叫んでいたので、債務コストと軍事費の関係を見ると、図表6-4「米国の債務負担額と軍事費の関係」のようになる。

このままの状況で債務が増加していくと、債務残高は2020年には23兆ドルに、債務の支払い利息を年3%とすれば、債務コストは6900ドルに達し、予想される軍事費6700億ドルを上回ることになる（2018年の米国の軍事費は6488億ドル）。

トランプはここに国家的な危機があると懸念しており、債務残高を削減するには、まず「貿易赤字の縮小が急務である」と判断した。そこで、米国の貿易収支の赤字に占める比率の高い中国（47%、2017年）からの輸入に関税を課している。同時に、関税を課して中国製品の輸入を削減させれば、米国内の雇用増加にもつながる。

3 共産主義イデオロギーで中華民族の復興を狙う中国

「中国製造２０２５」で世界の製造強国へ

２０１３年３月に中国の国家主席に就任した習近平は、対米関係を重視しつつも、中国を米国に並ぶ覇権国家（とくに太平洋の西側を支配）にしようと動き出した。

２０１５年には李克強首相が全国人民代表大会（全人代）で演説し、「中国製造２０２５」という産業育成戦略を発表した。この内容は、中国の製造業の基盤を強化するために、２０２５年までに製造業の基盤育成、技術革新、グリーン成長（環境重視の成長）を通じて、中国の経済モデルを「量的成長から質的成長」に変えるという方針であり、未来産業育成のために重点産業を対象として政府が支援・強化していこうとする意欲的な産業振興政策である。

「中国製造２０２５」で対象になる「10大核心産業」（育成していく重点産業）は、①次世代情報技術（半導体の内製化）、②ロボット、③航空宇宙、④海洋工学、⑤高速鉄道、⑥省エネのエネルギー部門、⑦環境にやさしい電力設備、⑧農業設備、⑨新素材、⑩バイオであり、いずれも２０１７年から米国のトランプが高率関税の対象にしたハイテク産業である。

鄧小平の集団指導から習近平の独裁体制へ

２０１７年10月に共産党の第19回党大会が開催され、第２次習近平指導部が選出された。同時に、党規約改正によって、最高指導部である党中央書記局は、鄧小平時代の集団指導制（個人崇

図表6-5　習近平の覇権国家へのロードマップ

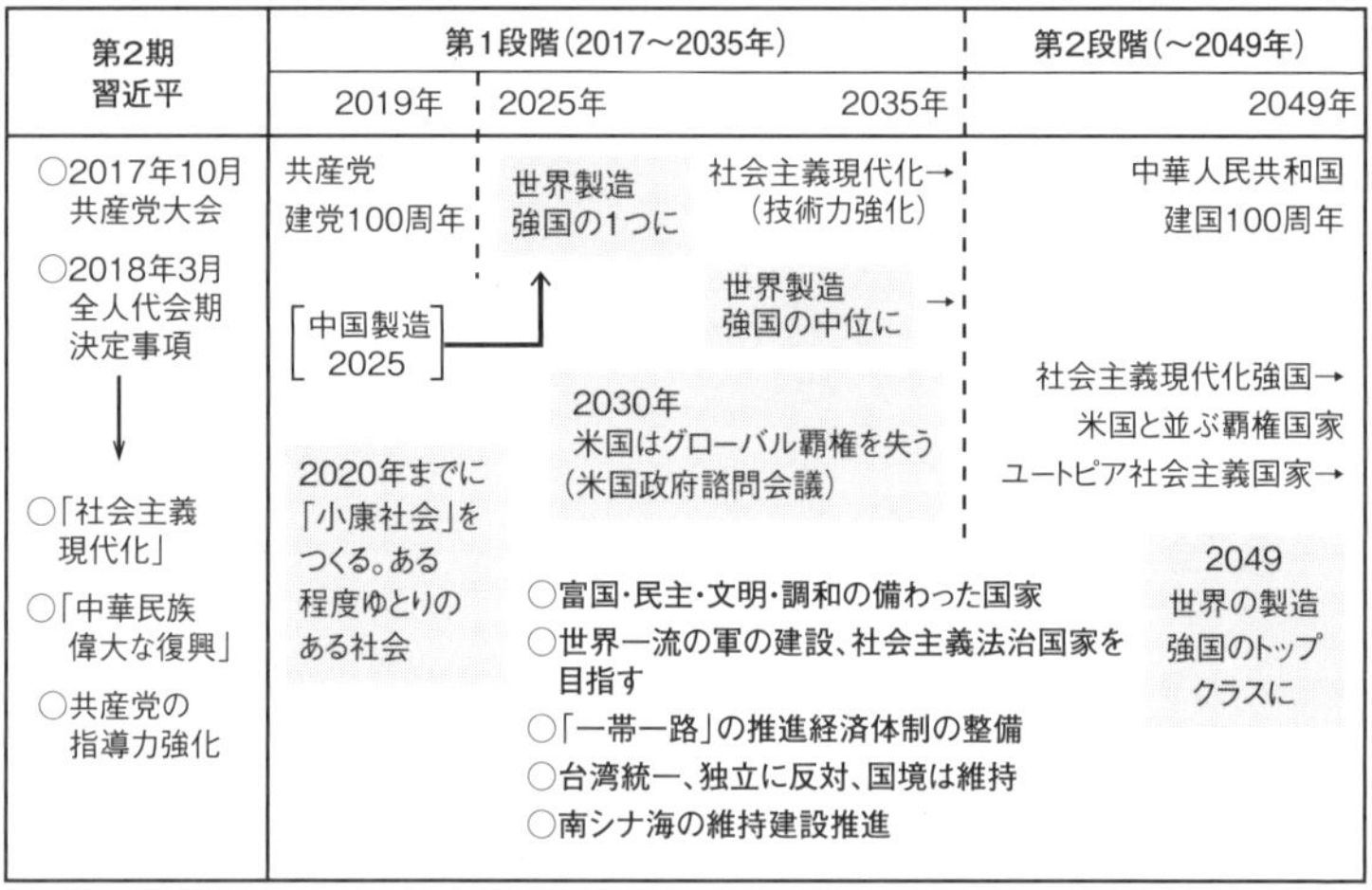

拝禁止）から毛沢東時代のような個人独裁体制に戻ることになったのである。

習近平の下に7人の政治局常務委員が選出されて首脳陣を形成し、さらに党規約に習近平の名前をつけた指導理念「習近平による新時代の特色ある社会主義思想」が入れられ、習近平の言葉は「習思想の一部」として党員の行動規範になることになった。

こうした政治路線の変更は、政治的イデオロギーを封印して経済を優先した「改革開放政策」の鄧小平時代が終わり、「習近平の独裁時代」の成立を宣言したことを意味する。

さらに2018年3月17日に、中国の習近平主席（同時に共産党総書記、党中央軍事委員主席）は、全人代（全国人民代表会議、中華人民共和国の一院制議会で憲法上、国家最高権力機関および立法機関）で国家主席に再選され、締め括《くく》りの演説をした。これより先に全人代では憲法改正が行われ、「共産党があらゆることを指導する」「国家主席は2期10年まで」の制約がなくなり、習近平総書記は今後、何期でも国家主席として指導できるという長期政権になったのである。

政治報告では、完全な社会主義国家の実現へ向けたロードマップとして、「2つの100年（2021年の建党100周年と2049年の建国100周年）」という大きな目標を立て、そこへ到達する道筋として二段階論が示されている。これを図解したのが、図表6-5である。

第1段階は「2017年から2035年」、第2段階は「2036年から2049年」である。第1段階では、4年後の2021年までに「鄧小平時代の社会主義初級段階」（修正資本主義）の経済目標を完全に達成し、その後は社会主義への移行を始め、2049年（建国100周年）頃には社会主義の先進国になるという壮大な計画である。今後30年程度で、ユートピア的な社会主義国家への移行を実現しようとするのが「習近平新時代」の目標である。

最終目標は、中華人民共和国建国100周年に当たる2049年で、この年には、中国は米国と並ぶ覇権国家になることを目標とし、「30年後に中国は米国と並ぶ世界の覇権国家になる」という大きな道筋を示したのである。この目標に向かった国家の理念は、「社会主義の現代化」と「中華民族の偉大な復興」であり、「共産党の指導力強化」をベースにしている。

この目標に向かって、中国共産党は「富国、民主、文明、調和の備わった国づくり」を行い、「軍事力を世界一流にする」と言い、経済面では「一帯一路」の推進を前面に出して、周辺国家の求心力にしようとしている。

外交面では、「台湾は絶対に独立させない」「中国の国境は維持」「南シナ海の維持建設の推進」を挙げている。

身近な目標としては、2020年（これは共産党建党100周年に当たる2021年を意識した年）までに「小康社会（少しはゆとりのある社会）をつくる」と言っており、国民の所得水準の向上を目標にしている。

4 貿易摩擦から政治体制批判へ

米国の対中批判が始まる

トランプの中国批判は、米中貿易があまりにも不均衡であるから、「米国の中国からの輸入に高関税を課して抑制すること」から始まった。その中身を見ると、最初からかなり戦略的であり、先ほど述べた「中国製造2025」という産業育成戦略の対象となった「10大核心産業」の輸出品を中心に関税を課すことであった。

さらに並行して知的財産権を侵害していると中国を非難し、中国最大のハイテク産業である華為（ファーウェイ）を規制違反などで徹底的に摘発する戦略に出ている。

貿易不均衡の是正から始まった米国の中国批判は、副大統領と国務長官による中国の政治経済体制批判となり、米中関係はかつての冷戦（民主主義と共産主義の戦い）に似た対立へと発展してきている。

米国副大統領が中国を激烈に批判

2018年10月4日にワシントンのハドソン研究所で米国のマイク・ペンス副大統領が中国を激烈に批判した。演説を仕掛けたのは、同研究所のマイケル・ピルズベリー（第2章参照）である。演説の内容を要約すると、次のようになる。

「中国政府は政治的、経済的、軍事的手段およびプロパガンダを使って、米国に干渉しようとしている。そもそも中国が世界第2位の経済大国になれたのは、米国の投資によるところが大きい。それなのに中国共産党は、関税、割り当て、為替操作、強制的な技術移転、知的財産の窃盗などを行ってきた。中国の安全保障も、米国の最先端技術の窃盗の黒幕となって、大規模な軍事転用を図ってきた。さらに中国は、アジアの他国、他地域に軍事費を投入し、米軍を西太平洋から追い出そうとしている。中国の指導者・習近平は〝（南シナ海を）軍事化する意図はない〟と述べたが、実際には人工島に軍事基地をつくり、軍事基地の拡大を目指している。われわれの大統領は屈することなく、米軍はインド太平洋全域で国益を追求していく。中国の知的財産権の窃盗行為が終わる日まで、行動をとり続けていく」

さらに軍事面では「海洋や宇宙などでの米軍の優位性を揺るがすため、軍事力増強を最優先している。中国は世界貿易機関（ＷＴＯ）加盟などで得た経済的利益を軍事産業増強にあてた」と批判し、沖縄県の尖閣諸島で中国船が恒常的に監視活動をしていることに対して、「オバマ前政権時代は中国の行動を無視したが、その時代は終わった」と述べている。さらに中国の宗教弾圧、信仰や文化抑制に反対して仏教徒が焼身自殺したこと、新疆ウイグル自治区での弾圧などを指摘し、「中国は自国民を抑制する方向に１８０度舵を切った」と指摘した。

中国では10月１～７日は国慶節（建国記念日）の祝賀ムードであったが、10月４日のこの激烈な演説で、祝賀ムードは吹き飛んでしまった。

中国の政治体制に失望（ポンペオ米国務長官）

さらに２０１９年６月３日に米国のポンペオ国務長官は、中国の天安門事件の30周年に向けた声明発表で、従来と同じように「犠牲者の家族に哀悼の意を表し、中国政府に当時の真実を明らかにするように」と述べたうえ、「米国は中国を国際システムに組み込めば、同国がより開かれた寛容な社会になると期待していたが、その希望は打ち砕かれた」と語り、中国がとっている目標に大きな危機感を表明したのである。

中国経済を改革開放でここまで成長させてきたのは鄧小平であり、鄧小平は「経済が発展しても覇権を求めない」という考えで経済発展に集中し、米国との価値観や体制の違いが表面化することを避けてきた。鄧小平が後継者として指名した江沢民と胡錦濤は、鄧小平の考えを守ってきた。ただ、鄧小平は「経済の自由化は進めるが、政治の自由化は認めない」という考えであったので、天安門事件では体制変更を求める群衆を戦車隊で抑え込んだのである（政治の自由化を拒否）。

ところが習近平になってからは、西太平洋のシーレーン覇権を握ろうとして南シナ海に人工島（スプラトリー諸島）をつくって領土的野心を見せ、さらに「中国製造２０２５」、国家情報法の制定などで、米国との体制や価値観の違いが具体的になり、建国１００年後の２０４９年までにマルクス主義を理念として中華民族の復興を実現しようとする壮大なプランを公開したのである。とくに建国１００年の２０４９年には、米国と並ぶ世界の二大覇権国家になる目標を公開したことは、米国を刺激し、中国の覇権拡大を抑制すべきだという声が米国内に出てきた。

今回のポンペオ国務長官の発言は、「ピルズベリーの後悔」（第２章参照）を国務長官が発言したところに意義があり、オバマ時代に米中で築いてきた「共存共栄関係」から「米中覇権争いの時代」に変わったことが確認される。

5 米中関係の変化がもたらす極東アジアの地殻変動

米中戦争はないが、代理の紛争はありうる

米国のペンス副大統領とポンペオ国務長官は中国の政治体制を批判するが、トランプ大統領は経済面で中国に強硬姿勢をとるものの、習近平を直接批判することはなく、トップ同士が対決する姿勢はとっていない。

米中関係は、冷戦時代の米ソ関係とは比較できないほど経済面で協力関係（相互依存関係）が強く、相互の経済社会に貿易取引が食い込んでおり、関係悪化は両国の経済の破壊につながる。

中国は多額の米国債の保有者として、米国の重しになっており、米中ともにとても戦争できる状態ではない。さらに中国では、対外資産の運用は米ドルが中心であり、戦争となれば、市場は機能不全になり、国際的に大混乱になる。２０１７年末で、中国は米国債を１・２兆ドル（約１２５兆円）保有しており、さらに、中国は外貨準備金を３兆ドル（米国債１・２兆ドルを含む）保有している。外貨資産の多くをウォール街で運用しており、米中ともに深い相互依存関係にある。

さらに米国は国際通貨ドルの決済機構を持っており、万一、戦争になると、中国のドル決済を

すべて阻止できる。

両国とも核武装をしたうえで、このように相互依存関係が深い米中が直接戦争することは絶対にありえないと断言できる。

中国が米国と覇権争いをする地域は、西太平洋（南シナ海、フィリピン海峡）と極東地域である。米国は経費節減と軍事負担を軽減したいために、日本の自衛隊を米軍の補佐（傭兵）として使いたい。日本は集団的自衛権の限定的行使を容認しているので、有事の際には米軍の後方部隊として軍事活動に参加できることになっている。日本が米中対立のなかで、米国の代理国として紛争に巻き込まれることは十分ありえよう。

日米安全保障条約が中国敵視に変身するか

第１章で述べたとおり、１９７１〜１９７２年に米国はキッシンジャーを派遣して「日米同盟は日本封じ込めであり、中国を敵視するものではない」と説明した結果、中国は日米同盟の存在を認めている。ところが、米国が、西太平洋のシーレーンの覇権を維持するために、日本の自衛隊を活用しようとすれば、自衛隊が中国と対峙《たいじ》することになり、日中紛争に発展する危険性がある。

自衛隊はすでにフィリピン海峡と南シナ海へ進出し、米軍と軍事演習をしており、中国からは「自衛隊の行動は専守防衛違反だ」と批判されている。トランプは極東アジアから米軍を徐々に縮小したい意向に見受けられるので、自衛隊の進出が増えるであろう。こうなれば、中国はさらなる警告を発するであろうし、海域で日中が軍事衝突する事態が懸念される。

日本が憲法第9条を閣議改憲して集団的自衛権を容認したことによる危機が、ここに存在するのだ。

現在（2020年1月）の日本の政権は、米国従属・中国敵視の外交で、日中関係が戦後最悪の事態になったうえに、韓国との和解を拒否する政策をとっている。

まさに「危険な国・日本」の再来である。

第7章

「リメンバー・パールハーバー」トランプの対日政策

1

「日本封じ込め」の強化を宣言

「リメンバー・パールハーバー」発言の狙い

トランプ大統領は、2017年11月、日本を訪問する前にハワイの海軍基地に立ち寄り、全世界に「リメンバー・パールハーバー（真珠湾攻撃を忘れない）」とつぶやいたうえで、横田米軍基地（主権は米国にある。住所はカリフォルニア州）に飛来した。トランプは日本の税関を通ることなく、日本の領土に踏んだ最初の米国の大統領である。

日本軍が、宣戦布告書の到着前に、パールハーバーに奇襲攻撃をかけた1941年12月8日未明（米国では12月7日）の事件を、米国民は屈辱の日として絶対に忘れていない。私は米国滞在中（1965〜1968年）に、3回、この言葉を聞かされた。

トランプのつぶやきには、2つの狙いがあった。1つは、米国民への「俺は日本の裏切りを忘れていないから安心してくれ」というメッセージであり、2つ目は、日本国民への「覚えているか。あのだまし討ちを！　米国は忘れていないぞ」という米国民の意味深長なメッセージである。

二度目の「リメンバー・パールハーバー」

さらにトランプは、2018年6月7日の日米首脳会談でも、日本が「トランプの要求する日米自由貿易協定（FTA）締結に応じようとしないこと」に腹を立て、さらに「日本が北朝鮮の拉致問題に関してトランプに依頼しておきながら、事前連絡なしに、日本の内閣情報官・北村滋がベトナムのホーチミン市で北朝鮮の高官と接触したこと」を知ったときに、「日本に裏切られた」との思いから、「リメンバー・パールハーバー」と叫んだと報じられている（8月28日の米紙ワシントン・ポストの電子版）。

米国の大統領がこれまで一度も言わなかった「リメンバー・パールハーバー」という言葉を、トランプが二度も言ったことからも、米国の日本に対する外交姿勢が読み取れる。

トランプは、大統領当選後にキッシンジャーとたびたび面会したと報じられており、さらに戦勝国の第二次大戦後の戦略が「ドイツ封じ込め」と「日本封じ込め」であることから、アジア外交では「日本封じ込め」が最も重要な外交課題であることを伝授されているはずだ。トランプが最初の訪日のときに、日本の主権を軽視するような姿勢を示したことは、キッシンジャー・周恩来会談以来、米中の対日戦略である「日本封じ込め」を継続することを宣言したと言えよう。

2

戦勝国は憲法第9条を絶対に破棄させない

米国は憲法9条を破棄させない

憲法改訂（とくに第9条破棄）に熱心な安倍首相が、2017年5月3日の憲法記念日に、なぜ「9条を維持したうえで、そこに自衛隊の存在を入れる」と言わざるをえなかったのか。

第1章で述べたとおり、第二次世界大戦の戦勝国（米、英、フランス、ロシア、中国、国連の安全保障会議で拒否権を持つ5カ国）は、世界平和の維持のためにドイツと日本の封じ込めをしっかりと決めた。日本に対しては戦勝国を代表して米国が「憲法第9条と日米安全保障条約」によって「日本を封じ込め」ている。

したがって米国の使命は「憲法第9条を絶対に破棄させない」（日本に軍事主権を持たせない）ことであり、さらに日米同盟で日本が侵略行為に出ないように日本を「封じ込め」ている。日米同盟の目的については、1971年のキッシンジャーと周恩来の会談で、中国も日米同盟による「日本封じ込め」の意義を認めている。

専守防衛としての自衛隊はすでに合憲

自衛隊が「専守防衛の範囲内であれば合憲である」との判断基準は、1959年12月16日の砂川事件に対する最高裁判所の判決にある。判決文では「(憲法第9条に)いわゆる戦争を放棄し、いわゆる戦力の保持を禁止しているのであるが、しかしもちろんこれによりわが国が主権国として持つ固有の自衛権は何ら否定されたものではなく、わが憲法の平和主義は決して無防備、無抵抗を定めたものではないのである」と述べている。

ここで明記されているように、「わが国が主権国家として持つ固有の自衛権」は、憲法第9条の規定で容認されているという判決である。つまり日本は「自らの国土を守ることに専念する。そのために防衛力を保持することは合憲である。しかし、日本から進んで敵の基地を攻撃することはできない」ということである。

冷戦の対立のなかで最前線に位置した日本は、「他国には、絶対にこちらから攻めることはない。こちらから攻めるという緊張は与えない」という立場であった。だから「専守防衛」という方針は、海外に向かっては「日本は海外の国と戦争を始めるような軍事大国にはならない」というメッセージであり、国内に向かっては、現行の平和憲法の下で「自衛隊の存在と日米安保体制とを両立させる」キーワードである。

専守防衛という安全保障政策は、自国を防御する最高の防衛政策であると断言できる。

3 集団的自衛権行使容認で犠牲になるのは日本

なぜ安倍首相は自衛隊を憲法9条に加えたいのか

自衛隊が合憲である以上、あえて憲法第9条に付加する理由はない。それなのに、なぜ安倍首相が9条維持のまま、この9条に自衛隊を追加したいのか。

昨今の米国の状況を鑑みると、「米国は軍事経費の削減のために、米軍を削減したいと思っており、そのためには、自衛隊を米国の傭兵として使いたい。安倍首相が憲法を改訂したいなら〝憲法第9条は絶対に破棄させないが、自衛隊の存在を憲法に付記してはどうか〟と米国が示唆してきたのではないか」と判断される。

この判断について、複数の政治学者に意見を聞くと、賛成が圧倒的に多かった。

この背景には、米国の次のような思惑がある。

「日本は集団的自衛権の限定的行使を閣議決定で容認（解釈改憲）しているが、憲法に第9条がある以上、実態は憲法違反だ。しかし自衛隊の存在を憲法に書けば、集団的自衛権の限定的行使を容認した閣議決定を裏付けることになり、米軍の指揮下で自衛隊を自由に使用できる」と、米国側が考えた結果であると思われる。

自民党の改憲案では「憲法第９条は破棄し、国防軍を明記する」ことになっているが、日米同盟の下で安全保障は米国に依存しているので、自民党案は米国が承認しない。そこで「９条維持のまま、自衛隊を９条に明記する」案を出したと判断される。

海上自衛艦のカールビンソン護衛の衝撃

２０１７年４月27日、朝のテレビで、朝鮮半島近海へ向けてフィリピン海を航行している米海軍の原子力空母カールビンソンと日本の海上自衛隊の護衛艦２隻による共同訓練の様子がテレビに映し出された。この映像を見た多くの日本人は、「海上自衛隊は米軍とともに北朝鮮との戦争に参加するのか」と驚いたことだろう。

しかし、この段階では、安倍内閣が米国の要望を受けて集団的自衛権行使を容認したために、「犠牲になるのは日本」というリスクを読み取れた国民は少なかったのではないか。第２次安倍内閣が閣議決定で集団的自衛権の行使を容認し、新安保法制法が成立した結果、日本は米国の戦争に巻き込まれるリスクが高まって、「犠牲になるのは日本」であることが明確になってきた。

今回のデモンストレーションで、米国は「日本の海上自衛隊と連合艦隊を組んで北朝鮮を攻撃する用意がある」と内外に宣伝した。米太平洋軍のハリス司令官は４月26日の下院軍事委員会公聴会で、「米国は先制攻撃のさまざまな選択肢がある」と述べており、カールビンソンは「北朝鮮を攻撃できる射程内に入っている」ことを明らかにしていた。

日本は北朝鮮と国交がない。しかし北朝鮮は、非公式なルートを通じて国交回復の希望を表明しており、最初の金日成主席（朝鮮労働党委員長）と次の金正日主席はともに、「日本は北朝鮮の敵ではない。友好関係を築きたい」という外交姿勢をとってきた。１９９０年代になってからの金正日は、「日本にある米軍基地から北朝鮮を攻撃するのであれば、北朝鮮はその基地を攻撃する」と言っていた。

ところが今回、日本の海上自衛隊がカールビンソンを護衛する映像を見た金正恩委員長は、「日本が米国と一緒になって北朝鮮を攻撃するのであれば、われわれは日本を敵国として攻撃する」と宣言し、同年8月29日に、北海道の襟裳岬をかすめるようにミサイル実験を行った。北朝鮮が日本を敵国だと言ったのは、今回が初めてである。

この発射の連絡を受けた東北地方の一部では、Ｊアラート（全国瞬時警報システム）というサイレンが鳴り、住民は右往左往した。この直後に北朝鮮の金正恩主席は「米国の言動を引き続き注視する。日本が慌てふためく作戦で、積年の恨みを晴らした」と述べている。まさに8月29日は、１０７年前に日本が朝鮮を併合した「韓国併合条約」が公布された日だった。こうした事実から北朝鮮のナショナリズム的怨念が感じられる。

集団的自衛権容認で日本は北朝鮮の軍事的敵国となる

北朝鮮が日本に伝えてきたことは、「北朝鮮の敵は米国であり、日本ではないが、日本が集団的自衛権行使を容認して米軍の軍事行動に参加するのであれば、北朝鮮にとって日本は軍事的な敵国になり、日本全体が北朝鮮の攻撃対象になる」ということである。

集団的自衛権容認の怖さをはっきりと日本国民に教えてくれたのが、皮肉なことに国会で強行採決されて成立した新安全保障法だった。

さらに、この事件で判明したことは、地政学上の見地から見ると、米軍基地を多く抱えている日本が集団的自衛権を容認して米国の肩代わりになると、「日本が犠牲になる」ということだ。日本が集団的自衛権の行使を容認していなければ、海上自衛艦が米国の原子力空母を護衛することはできなかったので、北朝鮮が日本を敵視することはなかったであろう。

集団的自衛権の行使を容認した結果、日本は北朝鮮という敵をつくり、安全保障上のリスクを負ったのだ。

第8章

甦る「危険な国・日本」

――戦前回帰の国粋主義

1 米国が懸念する安倍首相の歴史認識

「危険な国」が甦りつつある

なぜトランプ大統領が「リメンバー・パールハーバー」と二度も叫んだのか。読者のなかには、この発言を理解しがたいと思っている方も多いのではないか。

トランプが叫んだこの発言は、長く米国民の心のなかに拭いがたく残っていることを日本人は忘れてはならない。さらに米国以外でも、「だまし討ち」の表現として使われている。

米国ではオバマ政権の2013年5月に、米国議会図書館調査局（議会調査局）が「安倍首相の歴史認識は米国の国益に反する懸念がある」「安倍首相は（米国や近隣諸国が）監視すべき強硬な国粋主義者」と公表したが、その予想どおり、日韓関係は悪化の一途をたどり、「米国の国益に反する」のみならず、日本の国益にも反する状況になっている。

安倍首相の目的は、「憲法を改訂して日本を戦争のできる国にする」ことであり、それには日本国民に、中国、韓国、北朝鮮に敵愾心を持たせることである。さらに国内では言論の自由を抑制し、政府に不利な情報を抑え込むことだ。まさに、戦前のファシズムの再来であり、「危険な国・日本」が甦ってきたのである。

こうした危険な国をどうしたら抑えられるのか。これこそ、米中韓と日本の平和主義者が共同して対処すべき重大な課題である。

監視すべき強硬な国粋主義者

２０１２年12月に第２次安倍内閣が発足した。その翌年の５月に、先に述べたとおり、米国議会図書会調査局は「（歴史問題に対する）論争の的になっている歴史問題に対する安倍首相および彼の内閣での発言と行動によって、日本は、アメリカの権益を損ねるような形で、地域関係を乱しかねないという懸念が広まっている。安倍は強硬な国粋主義者（Strong Nationalist）として知られている。第二次世界大戦時代の性的奴隷、いわゆる慰安婦、歴史教科書、日本の戦死者を祀る靖国神社参拝などの問題に対する取り組み方や、韓国との領土紛争に対する発言は、日本の近隣諸国やアメリカ合衆国によって、厳しく監視されることとなろう」と指摘している。

さらに２０１５年版では「慰安婦問題、歴史教科書、靖国参拝、韓国との領土問題」について、「すべてが現在進行形の地域の火種になっている」と細かく指摘している。まさに安倍首相は「米国のみならず、近隣諸国から監視されるべきだ」（２０１３年版）、「地域の火種になっている」（２０１５年版）という指摘は、現在を予見していたのである。

村山談話継承を否定、のちに軌道修正

２０１３年４月22日の参議院予算委員会で「安倍内閣として村山談話をそのまま継承しているわけではない」と発言し、23日の同委員会で「侵略の定義は定まっていない。国と国との関係で、どちらから見るかで違う」と発言している（村山談話とは、戦後50年の１９９５年８月15日に村山首相が過去の植民地支配と侵略を反省し謝罪した「村山首相の談話」を言う）。

つまり、安倍首相は、日本の朝鮮半島の併合（李氏朝鮮国の消滅）、満州事変から中国への侵略、東アジア諸国への侵略を、「侵略」と認めなかったのである。

この考えはポツダム宣言の否定につながる。ところが５月15日の参議院予算委員会で、「過去の政権の施政を全体として受け継いでいく。歴代内閣（の談話）を安倍内閣として引き継ぐ立場だ」と軌道修正したのだ。これに対して、「米国から指摘されたのではないか」との声が出ていた（自民党有力議員の発言）。こうした背景が米国議会調査局の発表となったのである。

過去の戦争を反省しない自民党政権

すでに第４章で述べたとおり、安倍首相は２０１５年４月29日の米国上下両院合同会議で演説し、先の戦争で多数の米国人犠牲者を出したことに謝罪した。しかしながら、日本での戦没者追悼式では、第２次内閣の２０１３年８月15日以来継続して、「アジアへの謝罪はなじまない」（朝

日新聞）と言って、加害責任を削除している。

令和になった２０１９年の戦没者追悼式で、就任最初の今上天皇は、平成時代の上皇陛下と同じように、「ここに過去を顧み、深い反省とともに、今後、戦争の惨禍が再び繰り返されないことを切に願い」と述べられた。

しかし、安倍首相からは、今までどおり「過去の反省」の弁がないばかりか、同時に追悼の辞を述べた衆参両院議長と最高裁長官からも「過去の反省」の弁はなかった。つまり、安倍政権の下では三権の長全員が、「戦争責任」を認めないのだ。

なぜだろうか。第二次世界大戦に敗れた日本は、１９４５年9月2日に降伏文書に署名し、連合国は日本に軍備解散と民主化を求め、戦争犯罪人の逮捕と処刑、戦争協力者の公職追放を行った。ところが、米ソの冷戦が始まり、米国としては日本の協力を得ざるをえなくなり、戦犯の釈放と公職追放者の復帰を認めた。米国に宣戦布告した東条内閣の閣僚であった岸信介や賀屋《かや》興宣《おきのり》までも釈放され、岸は首相にまで上り詰めた。この結果、自民党政権下では戦争責任は無視され、戦前回帰が公然と行われたのである。

その後、世代が変わっても、戦前からの流れをくむ政治家は保身のために米国には従属するが、日本では過去の侵略を否定し、戦前回帰の活動を起こしている。この流れをくむ政治家や同調する仲間は戦争責任と侵略を否定する。ここに戦前回帰の危険な活動が甦ってくる土壌がある。

戦争犯罪人であった岸信介の孫にあたる安倍晋三という政治家は、戦前回帰の系譜のなかに誕生した人物であり、憲法改訂のためには、近隣諸国（中国、韓国、北朝鮮）を仮想敵国に仕向けて、国民に危機感を煽ろうとしている。

2 中国、韓国、北朝鮮への敵愾心を煽る日本の外交

中国包囲網外交と改元まで利用して嫌中を煽る

すでに述べたように、安倍首相の外交理念は「価値観外交」であり、その「価値基準」は「自由、民主主義、基本的人権、法の支配」を言う。そうなると、共産主義体制をとる中国とは、「価値観が異なるから対象にならない」ということであり、この方針に基づいて、日本は中国敵視・中国包囲網外交を展開しており、中国を仮想敵国と認識している。

２０１９年４月１日に新しい元号が発表され、安倍首相が談話を発表した。新元号を決定する過程で、「（安倍首相は）元号は漢籍にこだわる必要はない」「安倍首相が令和でいこうと決定した」（日本経済新聞ほか）という記事を読むと、安倍首相が改元を政治利用して、自分の政治姿勢を強調しようとしたことが読み取れる。

談話では「日本最古の国書である万葉集から『令』と『和』を取った」と言い、元号としては「歴史上初めて、中国の古典ではなく、日本の国書から取った」と強調するところは、かなり違和感がある。令和は万葉集の序文にある文字であって、漢字を使っており、漢字そのものが中国籍である。

なぜ安倍首相が万葉集を典拠とした元号に固執したのか。実は万葉集は、戦前の日本の軍国主義時代に日本兵が携行することを命じられていたと言われている。太平洋戦争中に米海軍の日本語の通訳を務めていた故ドナルド・キーン（日本に帰化した日本文学者、２０１９年２月24日逝去）は、「戦時中、日本人捕虜の多くが万葉集を携行していたのに驚いた」と回想している。

万葉集には北九州の防衛に徴兵された防人《さきもり》の歌があり、この歌を軍部が天皇陛下に命を捧げることを美化する歌として利用していた。万葉集から元号を取ろうとした安倍首相の背景には、戦前の危険なカルト的ナショナリズム（盲目的国粋家主義）が見受けられる。

新元号まで利用して、「中国離れ」「中国嫌悪感」を醸成しようとしている日本政府の姿勢には、「危険な国・日本」の再来が感じられる。

「寝ている子」を起こした慰安婦問題

日韓関係は現在（２０２０年１月）、最悪の事態に陥っている。日韓関係が悪化してきたのは第２次安倍内閣になってからである。そこで、２０１２年12月の第２次安倍内閣発足以来の対韓外交を見てみよう。

この章の１で述べたとおり、安倍首相の村山談話否定の発言が出るや否や、米国をはじめ、中国や韓国は直ちに反発した。安倍首相は軌道修正をして「受け入れる」と訂正したため、表面上は収まった。しかし、安倍首相の本音は「村山談話の否定」だと見られており、本質的な不信は払拭されていない。

韓国との慰安婦問題は、村山内閣の官房長官だった河野洋平氏が１９９３年に発表した河野談話（「慰安婦関係調査結果発表に関する河野内閣官房長官談話」）で解決済みだった。河野談話では、「慰安所の設置、管理及び慰安婦の移送については、旧日本軍が直接あるいは間接にこれに関与した。慰安婦の募集については、軍の要請を受けた業者が主としてこれに当たったが、その場合も、甘言、強圧による等、本人たちの意思に反して集められた事例が数多くあり、更に、官憲等が直接これに加担したこともあったことが明らかになった。また、慰安所における生活は、強制的な状況の下での痛ましいものであった」と明記されている。

この談話で、日韓両国の懸案事項が解決し、国際的にも評価され、慰安婦問題は解決済みであった。

ところが、２０１２年12月に第２次安倍内閣が発足してから、日本国内で再び、慰安婦問題の見直しが一部で提起された。論点の中心は「軍や官憲による強制連行を示す政府の資料があるかどうか」という点であった。

日本国内での慰安婦問題の再燃は韓国へ波及し、日韓関係に悪影響を及ぼした。こうしたなかで、２０１５年12月28日に突然、日本の岸田外相と韓国の尹外交部長官との間で、慰安婦問題に対する「日韓合意」が成立した。岸田外相は「当時の軍の関与の下に、多数の女性の名誉と尊厳を深く傷つけた問題であり、かかる観点から、日本政府は責任を痛感している」と強調し、「安倍内閣総理大臣は、日本国の内閣総理大臣として改めて、慰安婦として数多の苦痛を経験され、心身にわたり癒しがたい傷を負われた全ての方々に対し、心からおわびと反省の気持ちを表明する」と続けた。尹外相も「両国が受け入れ合意に達することができた。これまで至難だった交渉にピリオドを打ち、この場で交渉の妥結宣言ができることを大変うれしく思う」と述べて、韓国政府が元慰安婦支援のため設立する財団に日本政府が10億円を拠出し、両国が協力していくことを確認した。

この声明後、直ちに、米国のケリー国務長官が合意を評価する声明を出したので、「事前に米国から和解の勧告があったのではないか」（某自民党首脳）との声が聞かれた。

河野談話ですでに解決していた慰安婦問題を安倍首相が否定し、最後は河野談話を再確認するという結果に落ち着いたのだ。まさに、「寝ている子」を起して日韓関係を悪化させただけの結末であった。

ところが文在寅大統領になってからは、「朴前大統領と安倍首相との合意は慰安婦や韓国国民の意見を反映していない」と言って、白紙に戻され、今後の課題となっている。

ピョンチャン五輪で韓国の主権を無視する安倍発言

2017年5月に文在寅が大統領になってから、韓国国民を怒らせた出来事がある。2018年2月のピョンチャン五輪の開会式に出席した安倍首相は、文在寅大統領と会談したときに「五輪が終わったら米韓軍事演習を再開してほしい」と主張したことだ。

文大統領は「それは韓国の主権の問題だ」と反論し、韓国政府は二度にわたって、安倍発言を「韓国の主権侵害だ」と批判した。これが韓国国民の感情を逆なでして、反日感情を高揚する原点になったと言えよう。

さらに、「日本政府は朝鮮戦争の終戦を警戒している」と報じられたことだ（東京新聞、2018年9月24日付）。韓国と北朝鮮は終戦宣言に積極的である。トランプは「戦争ゲームは止めよう」と宣言し、北朝鮮の核を削減させたうえで終戦を考えていた。このときの安倍首相の発言は、韓国国民の心を痛めつけたことは間違いない事実だ。

中国では民間で和解した徴用工問題

戦時中に、中国と韓国から、労働力として強制的に日本に動員された問題（徴用工問題）に関しては、まず中国で始まり、韓国に波及した。

2016年6月に、戦時中に日本へ徴用された中国人が起こした損害賠償請求に対して、雇用主であった三菱マテリアルは被害者に謝罪し、和解文書に調印した。これに対して、日本政府はどうであったか。

日中両国は１９７２年に国交が正常化され、中国は「日中両国の友好のために、日本に対する戦争賠償を放棄する」と宣言していた。ところが戦時中に日本へ徴用された中国人労働者が損害賠償を求め裁判を起こすと、日本政府は直接に介入せずに黙認し、当事者間で和解が成立し、三菱マテリアルは謝罪と１人当たり10万元（約１７０万円）を支払った。

国交回復にあたって、中国政府は「日本に賠償を求めない」という声明を出していたが、企業と個人という私的な賠償については対象外であり、これを日本政府が認めていたのである。

韓国への敵愾心を煽って選挙に勝利した自公政権

２０１８年10月30日に韓国大法院（最高裁判所）は、韓国が日本の植民地支配下にあった時代に徴用された原告からの申し立てに対して、「雇用者であった新日鉄住金に損害賠償を命じる判決（１人約１０００万円）」を下した。

この判決を知るや否や、安倍首相は「この問題は１９６５年の日韓請求権協定で完全かつ最終的に解決した」と主張し、河野太郎外相は韓国の李洙勲駐日大使を外務省に呼びつけ、「日韓の未来志向の関係に努力をしてきたが、（今回の判決は）極めて心外だ」「判決は日韓の友好関係を根本から覆すものだ。韓国政府は直ちに必要な措置を取ってもらいたい」と要求した。さらに「（今回の判決は）国際法に基づいて秩序が成り立つ国際社会への挑戦だ」「完全かつ最終的に終わった話であり、判決は暴挙だ」と述べ、国際司法裁判所への提訴を含めて検討する考えを示した。

韓国側の主張（判決）は、「私的な問題、個人と企業の問題は１９６５年の日韓請求権協定の対象外だ」という見解であり、この見解については日本の裁判所が中国の訴訟に関して認めている。しかも日本政府は、中国に対しては、「個人の戦争被害補償は中国政府の対日賠償放棄とは別だ」という見解を承諾しているのだ。

したがって韓国の裁判結果に対しても、日本政府は中国の前例に従って民間に任せるべきであった。それをせずに、安倍首相自ら「国際法違反だ」などと叫んでいるところを見ると、最初から韓国との対立をつくり出そうとする意図があったと見受けられる。

とくに翌年7月の参議院選挙の前であったので、「韓国叩きは票になる」と利用したと見られる。

実は、その前にも同様の手法で票集めをしたことがある。

自公政権は２０１７年10月の衆議院選挙で「北朝鮮からのミサイルで日本は国難だ。国難突破のために自公に票を入れてほしい」と国民に訴え、3分の2の議席を取った。直後に麻生副総理は、「北朝鮮のおかげで自民党は勝てた」と本音を漏らしている。自公政権では「朝鮮半島危機は自公政権の票になる」と認識していたのだ。

どうすれば冷静な友好関係を構築できるか

大阪でのG20サミット終了直後の2019年7月1日に安倍政権は、韓国向けの化学製品3品目について輸出手続きの強化（手続きが簡素化されるホワイト国から韓国を除外する）を発表した。これに対抗して韓国は、8月22日に日韓のGSOMIA（軍事情報包括保護協定）の破棄を決定したが、米国が日韓両国を説得して、11月22日に韓国が破棄を撤回した。本質的な問題は未解決のままである。

日韓関係は安倍政権になってから悪化しており、韓国側もナショナリズムが高揚して反日活動が政治的に利用される気風が強まっている。友好関係を取り戻すには、当事者が政権を離れ、「新しい気風」が生まれるまで静観することであろう。これは日本が諦観することではなく、積極的に現状を打破し、近隣諸国との友好関係を構築する国家理念を打ち立てることである。詳細は終章で述べたい。

3

日本国内で強まる言論抑圧の動き（政権ファシズムの危機）

安倍政権に不利になる文化活動を抑制

安倍政権やその支援団体の意向に反する文化活動に、行政が介入するケースが目立っている。従軍慰安婦問題について、左右の異なる主張者のインタビューをまとめた映画「主戦場」が神奈川県の川崎市が共催する「ＫＡＷＡＳＡＫＩしんゆり映画祭」で上映中止となったこと、また映画「宮本から君へ」が文化庁所属の団体から支給されるはずの補助金が取り消されたことなど、不可解なケースが見られる。

「宮本から君へ」の製作会社スターサンズは、映画「新聞記者」も制作している。この「新聞記者」は、安倍首相が関与したのではないかとの疑念が持たれた「森友学園」と「加計学園」の問題を題材にしたものである。補助金が取り消された背景がここにあるであろうと推測する関係者も多い。

ヤジの市民を警察官が排除

さらに恐るべきことは、選挙中に安倍首相の演説にヤジを飛ばした国民が警察官に抑えられ、演説会場から排除されるケースが報じられていることだ。朝日新聞（２０１９年7月16日付朝刊）によれば、次のとおりである。

「安倍首相はＪＲ札幌駅前で同日午後４時40分ごろ、選挙カーに登壇。自民党公認候補の応援演説を始めた直後、道路を隔てて約20メートル離れた位置にいた聴衆の男性１人が『安倍やめろ、帰れ』などと連呼し始めた。これに対し、警備していた制服、私服の警官5、6人が男性を取り囲み、服や体をつかんで数十メートル後方へ移動させた。また年金問題にふれた首相に対して『増税反対』と叫んだ女性１人も、警官5、6人に取り囲まれ、腕をつかまれて後方へ移動させられた」

「雑踏のなかの誰かが肉声でヤジを飛ばす行為は（演説妨害に）含まれない」「（むしろ連れ去った警察官の行為について）刑法の特別公務員職権乱用罪にあたる可能性もある」（立命館大学法科大学院教授・松宮孝明）と言われている。

選挙中の演説に対してヤジも飛ばせなくなるような国は、まさにファシズムの国であり、札幌以外でも見られるのではないか。

首相官邸には警察官僚が補佐官としてついており、首相の警護を担当している。地方の警察官のこうした行動は、官邸からの指示がベースにあることは間違いないが、言論を封じようとする圧力が地方まで行き渡っていることは、まさに戦前の「おいこら警察」を思い出させる恐るべき事態である。

言論の自由を抑圧しようとする戦前の軍事独裁主義時代が再来し、それが中央政府から地方政府にまで行き渡っている。まさに、戦前のファシズムの再来であり、「危険な国・日本」の再来である。

韓国への報復は国民の67％が賛成（危険な兆候か）

「日本が韓国向けの半導体材料の輸出管理を強化したこと」に対する世論調査が行われた（日本経済新聞社調査、２０１９年９月２日）。これによると、「日本政府が韓国向けの半導体材料の輸出管理を強化したこと」に対して全体として67％が支持し、安倍内閣を支持しない国民でも60％が輸出管理強化に賛成している。世代別に見ても60歳以上が71％、40〜50歳代が70％、39歳以下は62％と、全世代で6割を超えている。

さらに、日本政府が韓国との関係について、どのような姿勢で臨むべきか聞いたところ67％が「日本が譲歩するぐらいなら関係改善を急ぐ必要はない」という意見であり、安倍内閣を支持していない国民でも63％がこの意見である。世代別に見ても、「急ぐ必要がない」が各世代で6割を超えている。

この統計を見て、私は驚愕《きょうがく》した。テレビやラジオ、新聞で、韓国の慰安婦問題、徴用工問題の背景まで踏み込んだ解説が不足しているために、国民が感情的な判断に陥っているのではないか、と案じられる。

戦前の日本では、軍部が政府を乗っ取り、政府の情報機関である大本営が日本に都合のよい情報だけを国民に流して洗脳した。とくに昭和恐慌で貧困化した国民は、対外侵略を支援するムードになってしまったのだ。

現在の日本でも、政府による情報管制が進んでおり、マスコミの一部は政府に不利な情報を国民に知らせないようにする気風が感じられ、危険な事態になりつつある。

韓国の文在寅大統領の対応にも、選挙を意識した反日発言があったり、領有権を主張する竹島問題で行きすぎた行動があったりすることは間違いない。しかし、徴用工問題への報復を7割近い日本国民が賛成するような異常な日本のナショナリズムは「危険な兆候」である。日本国民には、安倍政権の「反韓政策の煽動」と「商売上、利益のために反韓を煽るマスメディア」に騙されないように、冷静な歴史観と対応が求められている。

日本の暴走を抑える日米同盟

岩屋毅前防衛大臣は2018年12月21日に、「海上自衛隊のP‐1哨戒機が20日に能登半島で韓国海軍の艦艇から射撃管制用レーダーを照射された」と発表した。

この問題は韓国が事実を否定しており、その後の日韓交渉は物別れに終わっている。私は、その後の交渉を見ていて、「日米同盟がなければ自衛隊が韓国に攻撃していたのではないか」と思い、日米同盟の意義を改めて評価した。

憲法第9条の下で「自衛隊は専守防衛に徹する」と規定しても、今回のように韓国から射撃管制用のレーダー照射を受ければ、「自衛権の行使だ」と言って、自衛隊が韓国軍へ反撃することも想定される。

日米同盟の下では、自衛隊の監督は米軍司令官が務めており（北海道を除く）、「ビンの蓋」の機能が働いている。しかし、偶発的な武力衝突もありえよう。「ビンの蓋」としての米軍の指揮が重視されている。

日本では、自衛隊の独立性を主張する意見があるが、政府の韓国に対する外交姿勢と世論の動きを見ていると、日本政府任せでは「韓国軍と自衛隊の衝突」を阻止できる保証はどこにもない。ひとたび軍事衝突が起これば、一挙に拡大して取り返しのつかなくなる危険性がある。安倍政権の対韓姿勢を見ると、日本の暴走を抑えられるのは、日米同盟による米軍だけしかないだろう。

「危険な国・日本」を封じ込めるには、米中韓と日本の平和主義者が共同して対処すべき重大な課題である。

第9章

世界の潮流に逆行して衰弱する日本の経済力

1 米国に押しつけられる新自由主義政策

国民は新自由主義に反対していた（政権交代）

冷戦終了後は、米国が日本の経済学者、政治家、官僚に新自由主義と市場原理主義の理念を教え込んで洗脳し、「小さい政府」に変えさせて、「緊縮財政で日本の成長を抑える政策」を実行させてきた。

しかし、21世紀に入ってからの新自由主義による構造改革では、所得が減って幸福になれないことに気づいた国民は、２００９年８月の衆議院選挙で、「生活が第一」をスローガンに掲げる民主党、国民新党、社会民主党に政権（鳩山政権）を取らせる選択をしたのである。

ところが、政権は長くは続かなかった。緊縮財政の否定、対日年次要望書の受領拒否、沖縄基地問題という点で米国との折り合いが悪く、短期間で退陣に追い込まれた。２０１０年６月に就任した後任の菅直人首相は、最初の閣議で鳩山首相が拒否した「プライマリーバランスを２０２０年に均衡させる」という財務省のデフレ政策を決定し、菅辞任後の野田首相は民主党が選挙で確約した「4年間は消費税を増税しない」という選挙公約を無視して、自民党と公明党との３党合意で消費税増税を決めてしまったのである。

これで民主党政権は国民の期待を裏切って新自由主義を選択する政権になり、２０１２年12月の衆議院選挙で大敗した。これは国民が新自由主義を肯定して自民党へ政権を戻したのではなく、民主党が国民を裏切った結果である。

日本を一番儲けやすい国にする（自公政権復帰）

政権に復帰した第２次安倍内閣（自公政権）は、小泉構造改革を拡張する新自由主義政策を政策の根幹にとり入れた。

新自由主義をとり入れて30年経過した英米では、財政赤字の拡大、国家債務の増加、格差拡大、中間層の崩壊、社会の分断などをもたらすことがわかっていたにもかかわらず、英米が行き詰まっている経済理念を、再び日本に持ち込んだのである。

第２次安倍政権が発足してからは、米国筋からの要望は在日米国商工会議所や大使館筋から官邸に出されているようで、安倍政権の経済政策（アベノミクス）に多く反映されている。

アベノミクスは新自由主義を一段と進める政策であり、新鮮味はまったくない。政策の目標は「日本を一番儲けやすい国にする（資本の利益最優先）」「緊縮財政と小さい政府を継続する」「２０２０年に基礎的財政収支を均衡させる（デフレ政策の継承）」「異次元の金融緩和を実行して円安に誘導する」「労働法を改悪して非正規労働者を永久に非正規に抑え込む」「消費税を増税して法人税減税の原資をつくる」など、日本国民を幸福にするような政策は、なにひとつ見当たらない。

新自由主義というイデオロギーは、決して「自由だから国民が幸福になる」というありがたい思想ではない。規制を緩和して自由になれば、強者の理論が働いて、強い者や資産家は一段と強くなるが、弱者や貧困層は一段と弱くなる政策である。

なぜ日本の富を海外に提供するのか

なぜ安倍政権は、国民を不幸にする新自由主義政策をとり入れているのか。これこそ、日本国民が知りたい疑問であろう。

米国が指摘するとおり、安倍首相は「強硬な国粋主義者」（米国議会調査局の報告）であり、「日本国憲法を改訂して戦争のできる国にしたい」という念願を持つ。そのためには、米国の要望を最大限聞き入れて新自由主義政策をとるのがよいと判断しているのだ。緊縮財政によるデフレで国富を余らせて、金融資産を米国や外資に提供し、憲法改訂の許可を得たいと考えて行動していると思われる。

さらに金融資産ばかりでなく、水道に代表される公共資産までも提供し、その運用益を提供する政策を実行している。

加えて、政権復帰時の衆議院選挙（２０１２年12月）で公約に掲げた「ＴＰＰ反対」を反故《ほご》にして、ＴＰＰ参加を積極的に進めた。ＴＰＰは米国の不参加で頓挫《とんざ》したので、米国を除く11カ国で締結し、日本の食料自給率を一段と下げることになってしまった。

この結果、以下で述べるとおり、日本の経済力は衰弱している。日本が新自由主義政策から脱皮するには、「戦前回帰の危険な国」と見られている現状を新しい国家理念（絶対平和主義）で塗り替えることであろう。これについては終章で論じたい。

2 長期停滞に陥る日本経済

20年間マイナス成長の日本

図表９‐１「名目ＧＤＰの国際比較」を参照されたい。日本のデフレが始まったのは１９９８年であるから、その前年の１９９７年を基準（＝１００）として推移を指数化したものである（１９９７年の日本のＧＤＰは５３４兆円）。

指数でＧＤＰの伸びを見ると、この20年間で英米は2倍を超えており、ユーロ地域で１・８倍、ドイツで１・６倍であるのに対し、日本は２０１８年にようやく20年前の水準に達したにすぎない。

図表9-1　名目GDPの国際比較(1997年を100とした指数)

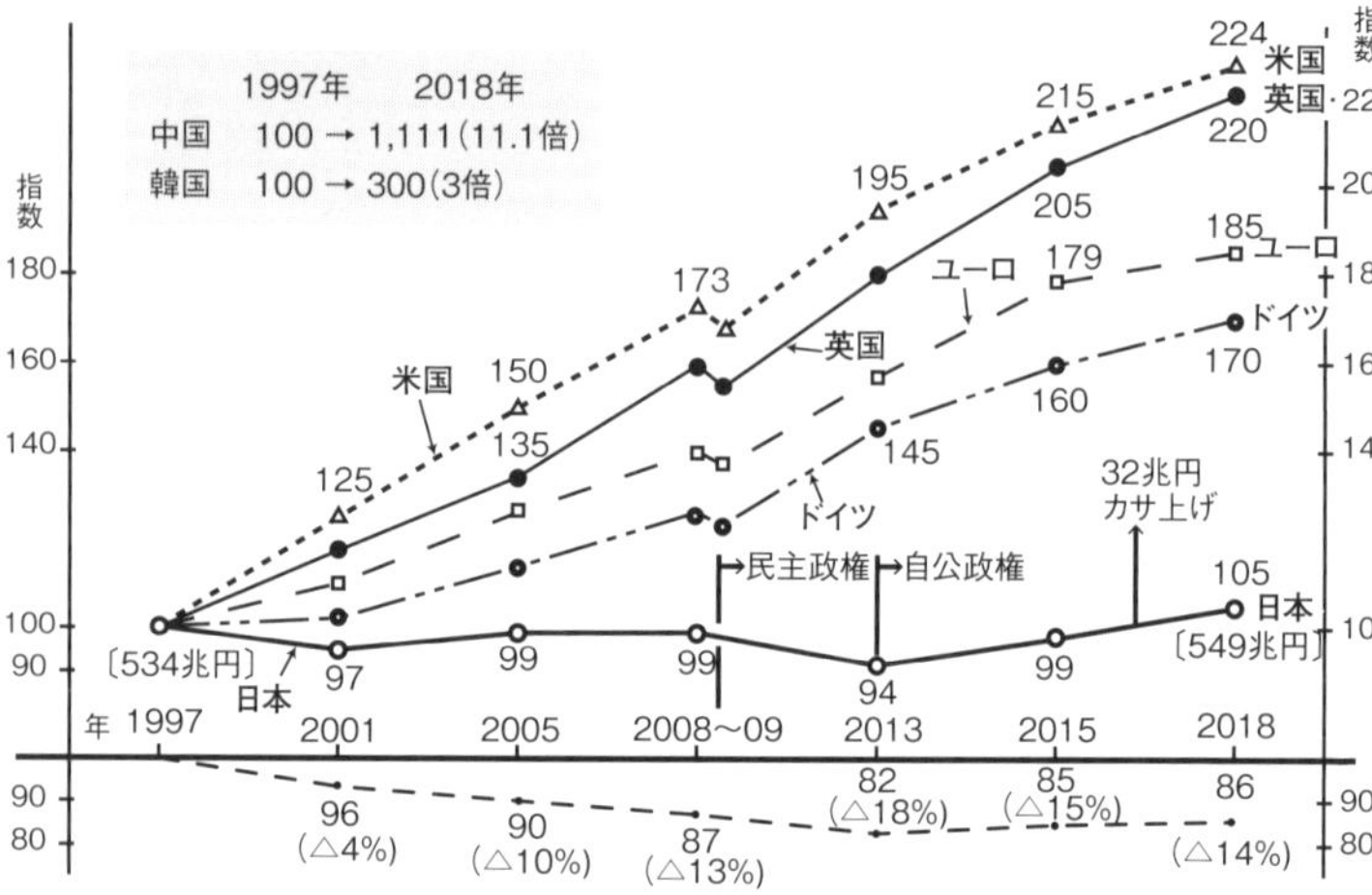

(資料)OECD　2018

ところが安倍内閣は、２０１５年にＧＤＰの算出方法を変えて32兆円をかさ上げしたので、これを調整すると、２０１８年のＧＤＰの実態は５１７兆円にすぎず、過去20年間、マイナス成長である。

この間の中国のＧＤＰを見ると11倍になっており、韓国も３・１倍に成長している。「凋落する日本」「躍進する中国」「成長する韓国」である。

図表９－２「日本の１人当たり名目ＧＤＰのＯＥＣＤ加盟国中の順位」を見ると、日本は１９９６年に２位であったが、２０１７年には20位まで凋落している。

中国の１人当たりＧＤＰは８７５０ドルであり、国際比較でははるかに低い順位にある。韓国は２００５年の25位から２０１７年には22位に順位を上げている。

図表9-2　日本の１人当たり名目GDPのOECD加盟国中の順位

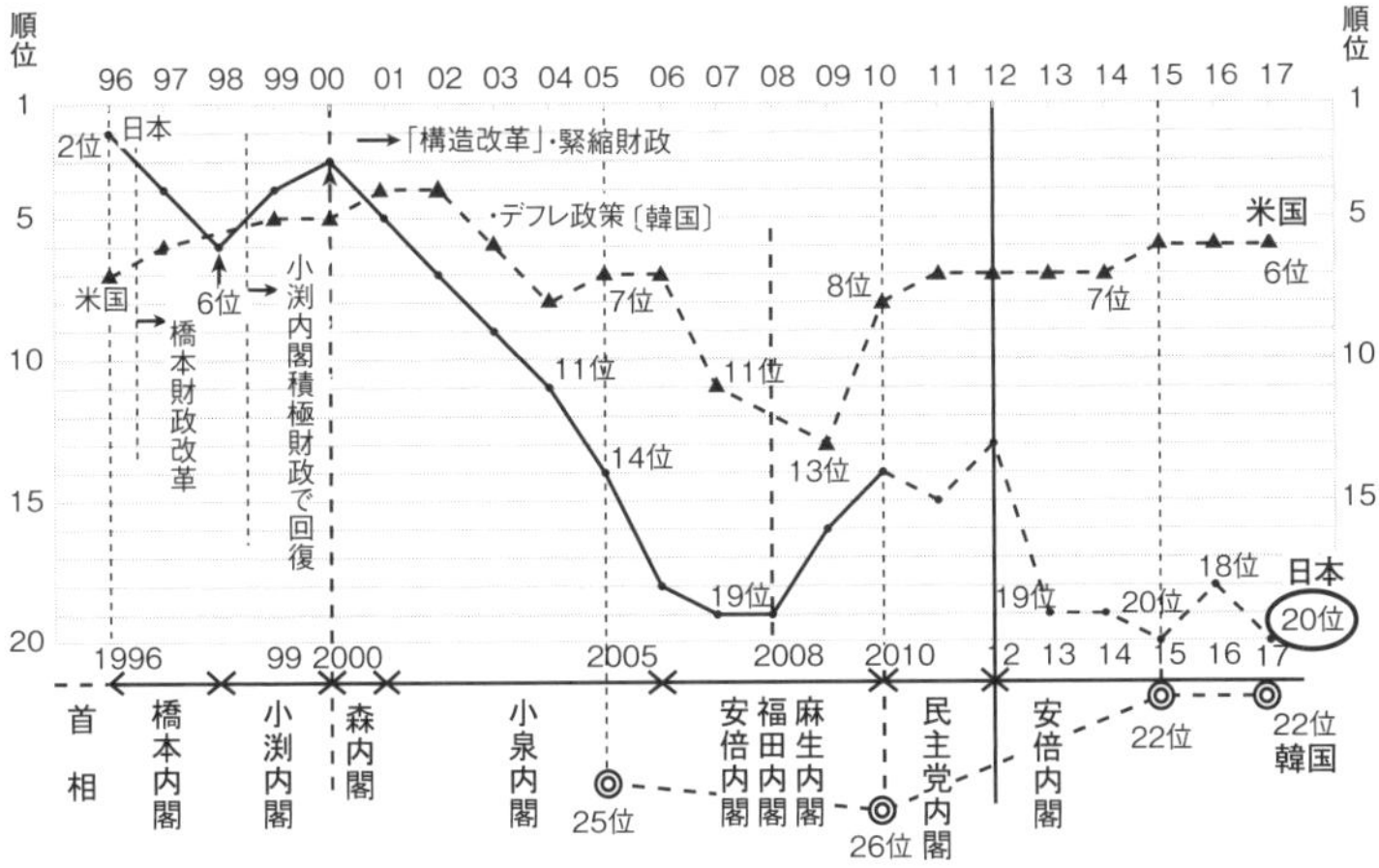

（出所）内閣府　国民経済計算年報

1人当たりGDPの数値を見ると、2017年で日本は3万9000ドル、韓国は3万1000ドルとなり、韓国は日本の80%の水準に達している。平均物価水準は韓国のほうが日本よりも低いと思われるので、生活実感から考えると、韓国の生活水準は日本とほぼ同じであると言えよう。

国内で余らせた金融資産が海外に流出

一国の経済構造は「家計部門等」「企業部門」「政府部門」「海外部門」に分けて把握することができる。

この4つの部門のなかの「マネー（資金）」が、どのように流れたかをまとめたものが、図表9-3「小泉デフレ以降17年間の資金循環の要約」である。ここでは、小泉デフレが始まる直前の2000年を基準として、2017

図表9-3　小泉デフレ以降17年間の資金循環の要約（2000〜2017年）

（兆円）

西暦	家計部門等 金融資産	家計部門等 A 剰余		企業部門 金融資産	企業部門 B 純債務		政府部門 金融資産	政府部門 C 純債務	海外部門純債権（A−B−C）
2000	1,436	1,053	⇒	742	△618	＋	402	△295	140
↓	↓	↓		↓	↓		↓	↓	↓
2017	1,957	1,613		1,171	△627		625	△672	314
増減	+522	+560		+429	+9		+223	+377	+174

（17年間の増減）家計部門等余剰560−企業部門不足9−政府部門不足377＝海外へ174

（注）（1）「家計部門等」は「家計（個人企業を含む）」に「対家計民間非営利団体（団体・学校等）の純余剰」を合計した金額とした

（2）小泉構造改革が始まる前の2000年を起点とした

（出所）「国民経済計算2019」内閣府

年までの17年間でどのように変化したかを示している。

この図表で２０１７年の資金循環を見ると、「家計部門」では１６１３兆円余っており、これを企業部門で６２７兆円使い、政府部門で６７２兆円使った。この結果、３２４兆円の余剰が生まれ、これが海外へ流出（「海外部門純債権」）しているのだ。

この２０１７年の「海外部門純債権額」を２０００年と比較すると、17年間で１７４兆円も増えている。この増加金額は小泉デフレ以降の余剰金で、日本がデフレになって国内では使えなくなった結果、増加したものである。

２０１７年の海外流出額は３１４兆円であり、これが日本の対外債権である。このなかから米国債を約２５０兆円（外貨準備金として約１５０兆円、「ゆうちょ銀行」と「かん

図表9-4　時系列実質賃金指数（2012年を100とした指数）

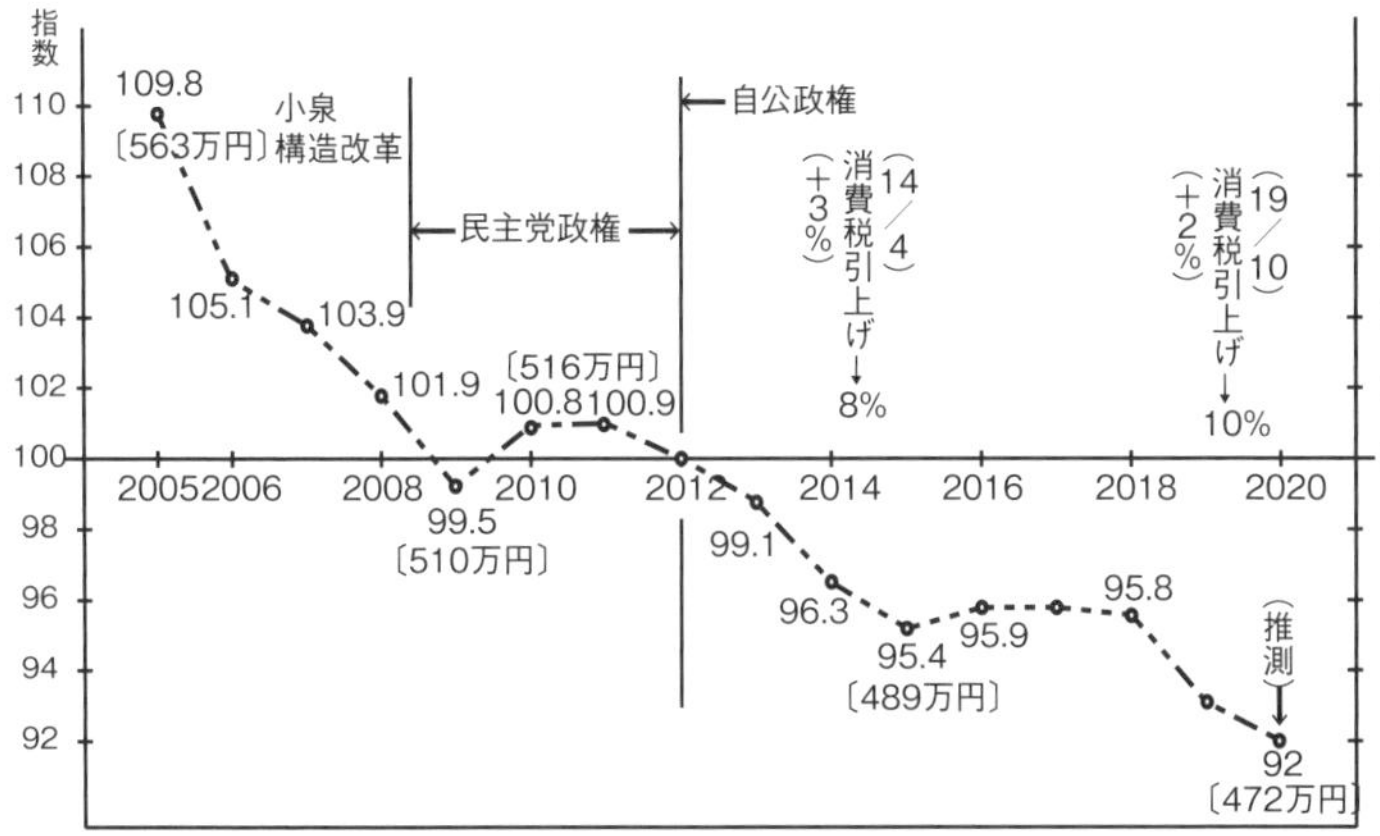

（出所）厚生労働省「実質賃金指数」
厚生労働省発行の「実質賃金指数」(2015年＝100)を2012年＝100に調整した「指数」である
〔　　〕内は同省発表による2005年の「1世帯当たりの平均所得」に上記指数で推移を試算したもの

ぽ生命」で約１００兆円）購入し、残りは企業の対外投資が大半を占めている。

実質賃金は年々減少している

厚生労働省は毎年「時系列実質賃金指数」を発表しており、現在の指数は２０１５年を１００とする指数である。この指数を、２０１２年を基準（＝１００）にしたのが、図表９‐４「時系列実質賃金指数」である。

小泉構造改革による小さい政府と緊縮財政、労働法改悪による非正規社員の増加でデフレが進み、「実質賃金指数」は年々低下した。２００８年のリーマンショック後の円高では、輸入物価指数が低下したことで、実質賃金が上がった。しかし、２０１３年に入ってからは、異次元の金融緩和による円安（ドル高）で輸入物価指数が上昇した結果、実質賃金が低下し、さらに消費税増税で実質賃金が大幅に低下した。

この指数を使って「1世帯当たりの平均所得」の変化を見ると、2005年の563万円から2015年には489万円に低下した。さらに2019年10月の消費税2%引き上げの影響を勘案すると、2020年には472万円に下がるであろう。つまり、2005年からの15年間で「1世帯当たりの所得」は91万円減ったのだ。減った原因は、「デフレによる賃金の伸び悩み」「非正規社員の増加による賃金下落」「円安（ドル高）による輸入物価高」である。

消費税は法人税減税の原資になり海外に流出

日本を貧しくした原因は、「緊縮財政で小さい政府（デフレ）」にしたうえ、「法人税を減税し消費税を増税したこと」である。図表9-5「消費税収で法人税の減収分を補っている」と図表9-6「法人税率の推移」を参照されたい。

消費税は1989年に導入され、2018年までの30年間で累計372兆円の税収があった。ところが、この間の法人税の累計はマイナス291兆円であるので、消費税収入の累計額の80%は法人税の減収を補うものになっている。

この間の法人税率の推移を見ると図表9-6のとおりだ。とくに第2次安倍内閣以降の法人税減税は、消費税増税を見越して財源なしで強行し、2020年度に基礎的財政収支（プライマリーバランス）を均衡させるという目標は、消費税を増税したにもかかわらず未達である。そし

図表9-5　消費税収で法人税の減収分を補っている

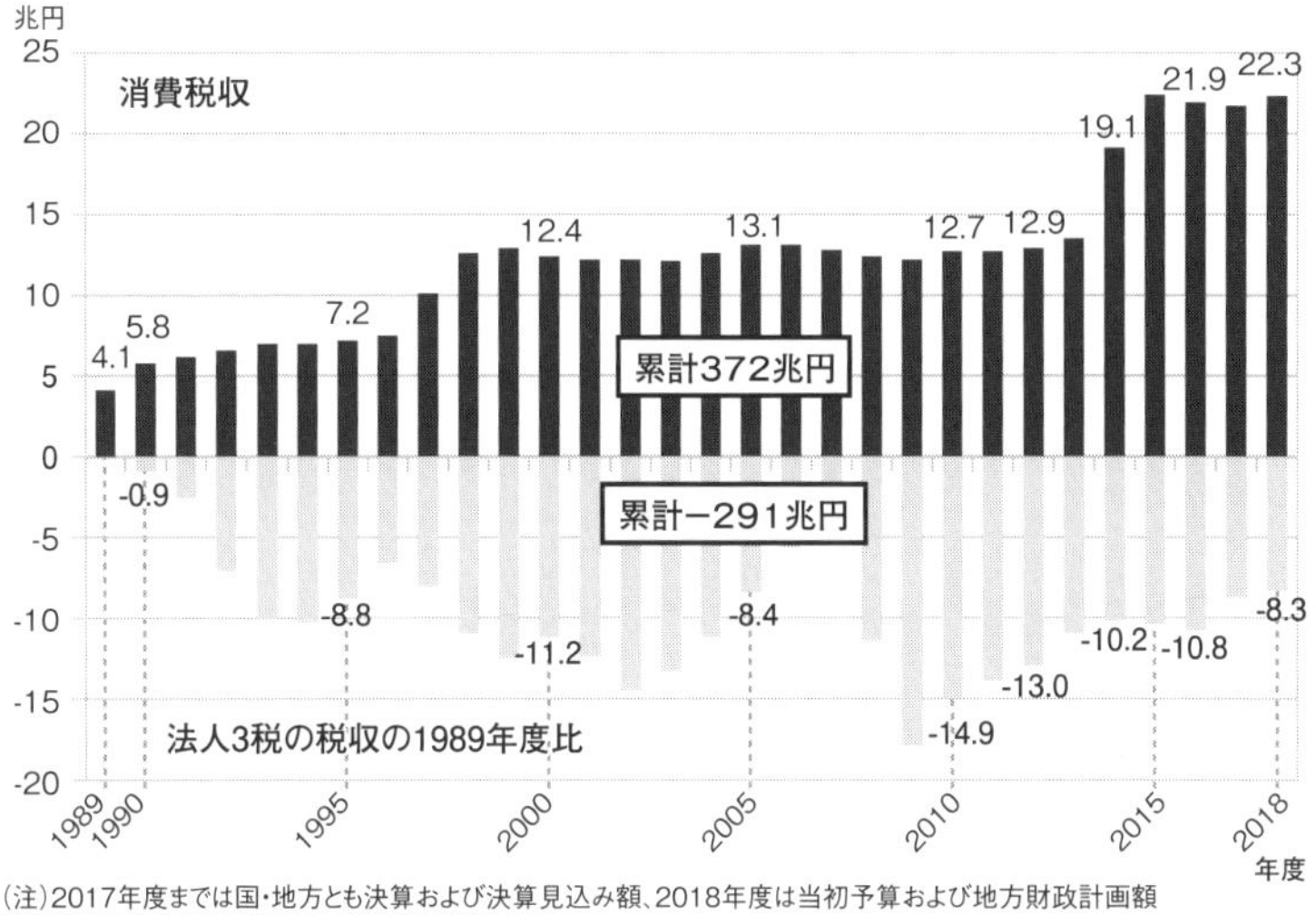

（注）2017年度までは国・地方とも決算および決算見込み額、2018年度は当初予算および地方財政計画額
消費税は地方分（地方消費税、消費譲与税）を含む
法人3税には法人税、法人住民税、法人事業税ほか、地方法人特別税、地方法人税、復興特別法人税も含む

図表9-6　法人税率の推移

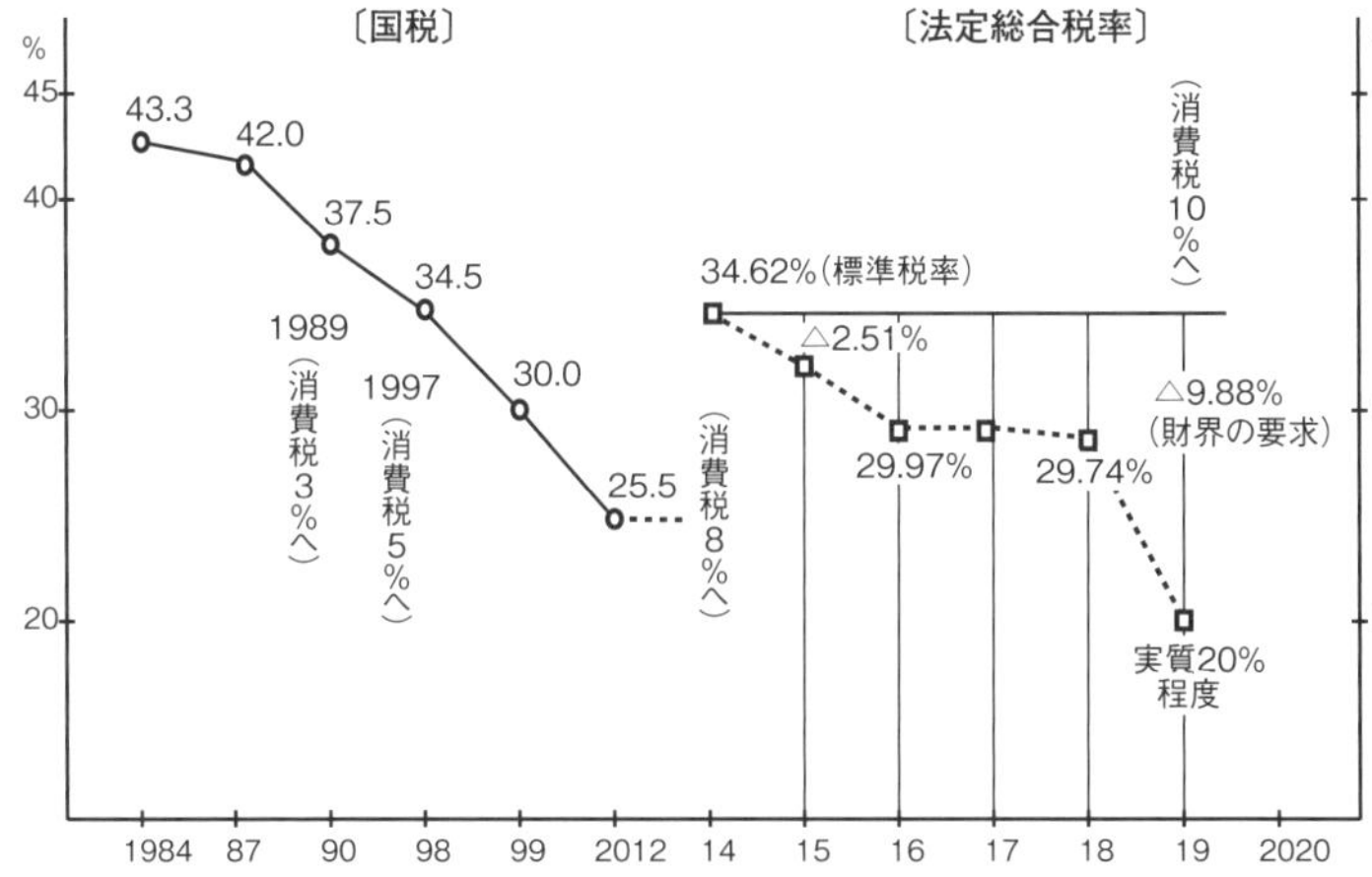

（出所）『消費税が国を滅ぼす』（富岡幸雄著、文春新書）を参考にし著者作成

て、法人税の減税分は大企業の株主への配当金（約半分は外資）と内部留保に積み上がっている。法人税は国税と地方税があり、安倍政権では両者を合計した「法定総合税率」を引き下げることを目指している。２０１５年の「成長志向の法人税改革」では、２０２０年度に「法定総合税率」を実質的に20％程度にすることになっている。

企業の内部留保は２０１２年３０４兆円、17年４４５兆円、18年４６３兆円と増加しているが、国内の純投資（新規の設備投資から減価償却〈回収〉を控除したネットの投資）の伸びは鈍く、内部留保が増えても経済成長と雇用・賃金の増加に結びつかないことが確認されている。労働分配率は２０１２年に70％であったが、２０１８年には67・８％に低下している（内閣府「国民経済計算」２０１９年）。

つまり、国民全般から消費税で富を徴収し、徴収した消費税収の80％を法人税減税の穴埋めに使っているのである。法人税減税で利益を得たのは大企業であり、大企業は法人税減税分を配当金の引き上げ（約半分は海外の株主へ）、役員報酬の増額、海外投資（工場建設等）に使い、残りは内部留保になって蓄積されている。この内部留保が、企業による国内の設備投資や従業員に対する賃金引き上げに使われれば、経済成長につながり、新たな投資を生んで経済がさらに成長する。しかし、内部留保に富が蓄積されているだけでは、デフレ（国民の所得と人口の減少）が継続する以上、経済成長は期待できない。

図表9-7　主要国の国税に占める消費税の割合（欧州主要国と日本の比較）

国別＼税率・比率	国税としての消費税の標準税率		国税収入に占める割合	
			消費税	法人税と所得税
英国		17.5%	21.1%	78.9%
ドイツ		19.0%	35.6%	64.4%
イタリア		20.0%	28.3%	71.7%
スウェーデン		25.0%	18.5%	81.5%
日本	5%のうち、国税は4%	4.0%	24.4%	75.6%
	10%のうち、国税は8%	8%	37.0%	63.0%

（注）①出所:財務省・財務総合政策研究所編「財政金融統計月報2010.4」、
およびOECD「歳入統計2007」(スウェーデン)から著者作成、推測値を含む(月刊保団連 2011.7 参照)
②この表は2012年衆議院予算委員会で阿部知子議員が提示し、安住淳財務大臣が確認した

国税に占める消費税の割合は日本が最高

図表９‐７「主要国の国税に占める消費税の割合」をご参照願いたい。主要国の国税収入全体に占める消費税の割合を見ると、日本の消費税が５％（うち国税収入は４％）のときの「国税に占める消費税の割合」は24・４％であった。ところが標準消費税が17・５％のイギリスでは「国税に占める消費税の割合」は21・１％であり、消費税が５％にすぎない日本の「この割合」よりも低いのである。

さらに日本の消費税が10％（うち国税収入は８％）になると、「国税に占める消費税の割合」は37％（２０１２年衆議院予算委員会で安住財務相が述べた数字）になり、「主要国のなかで日本の消費税水準は最低だが、国税全体に占める比率は最高である」という異常な事態になっているのだ。

これは日本の消費税が一部の例外を除いて全消費（生活必需品、通勤交通費等）に課税されるからである。

消費税は、元来、贅沢《ぜいたく》品を購入できる富裕層に課税する目的で設定された税金であって、国民生活全般に課せられる税ではない。英国の実例（２０１４年）で見ると、最高税率は20％であるが、通勤交通費、食料品、新聞、雑誌、書籍、子供服、医薬品は税率ゼロである。だから標準消費税が17・５％であっても消費税の税収は国税の21・１％にすぎない。

日本と英国を比較して明確なことは、国税に占める日本の法人税収入と所得税収入が低すぎることである。さらに日本には大企業を対象とした「租税特別措置による政策減税」や「受取配当金等の益金不算入制度」などの優遇税率の恩恵があるために、法人税収が少なすぎるのである。

法人税引き下げでは経済は成長しない

第３章で述べたとおり、新自由主義者は「大企業や富裕層に富を集中する政策をとれば、彼らは投資も消費も増やすので、雇用が増え、経済が活性化する」と主張する。これが「トリクルダウン理論」である。しかし、実態は「実証性に乏しい政治的スローガンにすぎない」（コロンビア大学教授、ジョセフ・スティグリッツ、ノーベル経済学賞受賞）ことが確認されている。

日本の実例を見ても、第２次安倍政権になってから極端な法人税減税をしたが、結果的には実質、マイナス成長であり、ここからも「トリクルダウンが実証性のない幻想にすぎない」ことが確認できる。

3 金融システムを破壊する超金融緩和

マネタリスト（リフレ派）の敗北

２０１３年３月に就任した黒田東彦《はるひこ》・日銀総裁は、超金融緩和政策をとり、市場から国債と株式を買い上げて、日銀マネーによる信用創造を大規模に実行してきた。

黒田総裁就任と同時期に、米国の連邦準備制度理事会（ＦＲＢ）のベン・バーナンキ議長（中央銀行総裁）は、「複数の国が金融緩和を行えば、お互いの利益になる」と明言していた（日本経済新聞、２０１３年３月31日付）ので、日本の超金融緩和はこうした流れに呼応するものであったと読み取れる。

黒田総裁は就任当初、「マネタリーベースのマネー（日銀券発行額と日銀にある金融機関の預金勘定の残高）を2年間で2倍にすれば消費者物価は2倍になる」と称して、「２‐２‐２」プログラムを唱えていた。ところが5年たっても消費者物価は2％上昇とはならず、ついに「消費者物価が2%上がるまで金融緩和を継続する」という無責任な態度をとるようになった。

第3章で述べたとおり、日本の長期デフレは「小さすぎる政府からくる財政デフレ」が原因であり、日本の金融緩和はすでにかなり進んでいた。金融だけでは需要が増えないことはわかっていたはずだ（拙著『新自由主義の自滅』文春新書、2015年、第4章参照）。

「金融を緩和すればデフレが解消し、景気がよくなる」というマネタリストの自称・主流派経済学の誤りがここでも露呈している。

超金融緩和マネーの半分は投機マネーで海外へ

ここで図表9-8「日米のマネタリーベース（MB）の推移」を参照されたい。2013年4月の黒田総裁就任から2019年6月までの6年3カ月間の推移を見ると、マネタリーベース（日銀マネー、MB）は、388兆円増加して523兆円に達している。しかし、日本の国内に回ったマネー（MS）は43%にすぎず、あとは海外へ流れ、投機マネーとして使われているのだ。

この投機マネーを手に入れた投機業者は、ドル買いと株買いを行い、円安・株高になって、多額の利益を得た輸出業者がいる半面、光熱費や輸入食糧費などが上がり、消費者の実質所得は減少している。

さらに日銀は2016年1月にはマイナス金利を課し始めた。マイナス金利とは、日銀にある預金取り扱い金融機関の預金量が一定の限度よりも増えると、その増えた分に課す一定の手数料

図表9-8　日米のマネタリーベース（MB）の推移

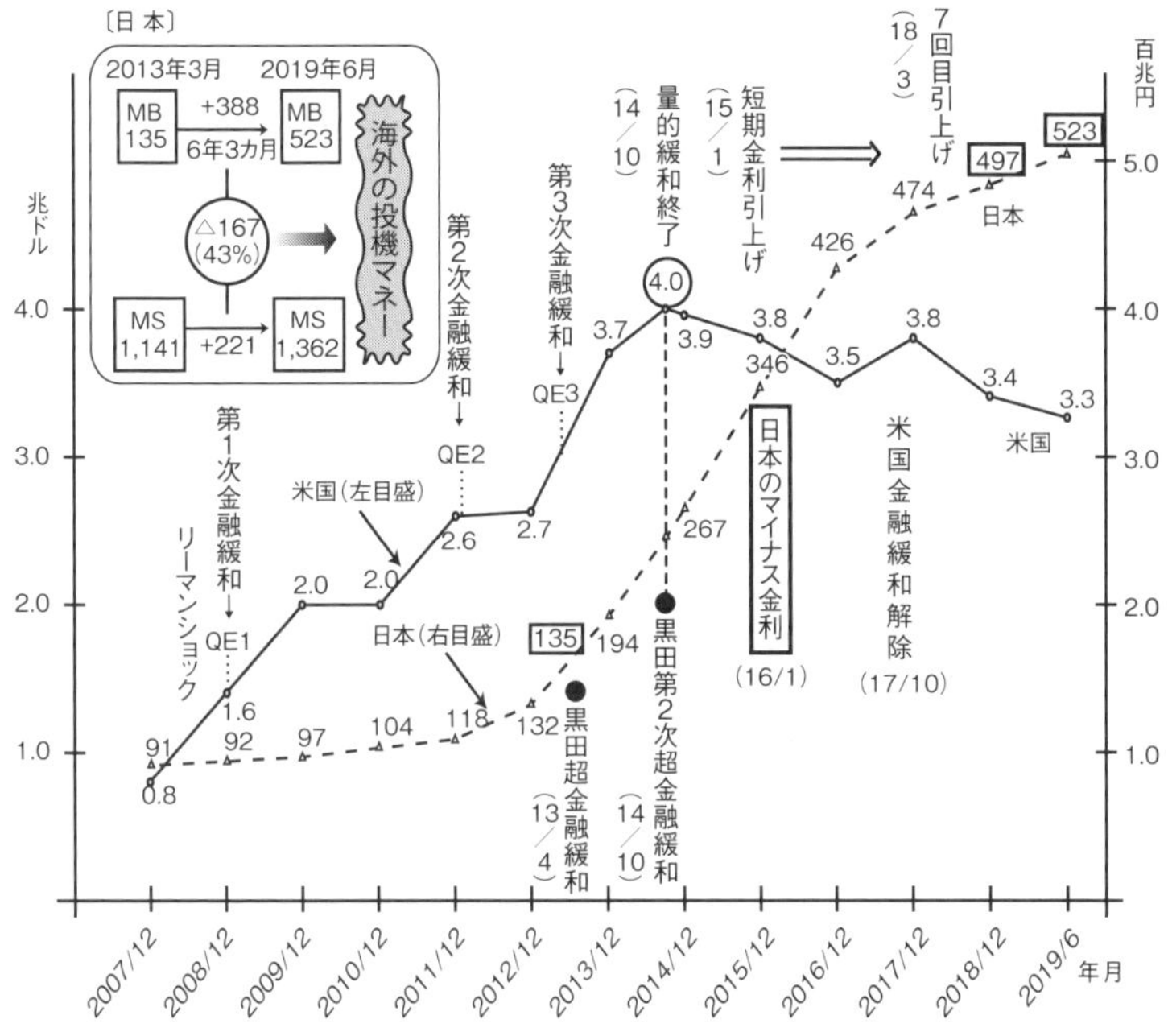

（年0・1%）をいう。

リーマンショック以来、超金融緩和を実現してきたFRBは、2014年10月から金融正常化に舵を切り、通貨量を増やさないようにした。すでに（2019年10月現在）7度の金利引き上げを実行して、金融の正常化に努めている。

一方、日本は、FRBが通貨量を減少させようとするときに、マネタリーベースを増やして米国の金融正常化に協力してきた。しかし、米国が通貨量を絞って金利を引き上げる政策に切り替えているのに、日本はマイナス金利のままで、その副作用が強まっている。マイナス金利で迷惑を被っているのは日本の預金受け入れの金融機関だ。

金融システムを破壊する日本銀行

中央銀行である日本銀行が国債を買いまくり、さらに株式まで買い上げることによって、円安、低金利（短期はマイナス金利、長期はほぼゼロ金利）、実態を反映しない株高現象を維持する政策は、異常な事態である。国内での金融危機（銀行破綻等）や海外からの圧力などが発生すると、日本銀行は機能不全に陥る可能性がある。

すでに国債市場は機能不全であり、日本にとって最適な長期金利のレベルはわからない。短期金利はゼロないしマイナスであるから、操作しようがない。通貨を供給しようとしても、市場に国債がなく、日銀がとれる手段が乏しい。

マイナス金利で弱体化した地域金融機関を統廃合していくと、数が減り、市場での競争力がなくなっていく。金融機関の数が減っていくと、資金を調達したい企業の活力も削がれていくだろう。

ＦＲＢはリーマンショック（２００８年）後の異常な金融緩和から脱却し、金融正常化（金利引き上げと金融市場の安定化）を進めている。しかし、米国への協力で始まった日銀の超金融緩和の出口はまったく見えない。金利が上昇すると、国債価格が暴落し、国債保有者は多額の損失を被るし、国家財政の金利負担は激増する。

超金融緩和が国民の富を奪っているのに、それを放置して超金融緩和を継続する日本銀行の黒田総裁と日銀政策委員の多くは、金融正常化の道筋がわからない「金融カルト」のような存在だ。彼らが日本の金融システムを破壊している。

4　国家の公共資産や種子までが外資に売られる

水道事業民営化で成功した国はどこにもない

日本政府が米国や海外投資家に提供するのは金融資産ばかりでなく、国家が保有している公共資産も含まれる。

２０１３年４月に麻生太郎副総理は、米国のシンクタンク「戦略国際問題研究所」（ＣＳＩＳ）で講演し、「日本は現在、国営ないし市営、町営である水道事業を民営化する、水道料金回収率は99・9％である」と宣伝し、日本の水道事業に外資の参入を誘った。これを受けて、大阪市は２０１４年４月に、市が全額出資する企業に「水道事業の運営権」を２３００億円で売却する法案を市議会に提出したが、否決されてしまった。

そこで政府はＰＦＩ法（１９９９年制定、民間資金等の活用による公共施設等の整備等の促進に関する法律）を改訂して、「上下水道や公共施設の運営権を民間に売る際に、条例の定めがある場合は地方議会の承認は不要である」という特例をつけた。こうして自治体（行政府）が議会（立法府、国民の代表が選挙で選ぶ）の承認なしで、公共施設を民間企業に勝手に売り払うことができるようになった。つまり、住民（主権者）の意向で選ばれた地方議会に賛否を問わずに、行政だけで公共材である水道の運営権と保有資産の売却を可能にしたのだ。

さらに2018年12月6日の臨時国会で、与党などの賛成多数で改正水道法が成立した。これは、公共施設の運営権を民間企業に一定期間売却する「コンセッション方式」を、自治体の水道事業にも導入するための法律である。

コンセッション方式とは、自治体が公共施設を保有したまま、民間企業に運営権を売却・委託する民営化の方法で、水道事業をこの方式で民営化しようとするのが政府の方針である。すでにいくつかの自治体で検討中と伝えられている。

しかしながら、水道の民営化で成功した国はどこにもない。例えばパリ市では、1985年に水道の民営化を決め、二大水道メジャーと呼ばれる多国籍企業「スエズ社」と「ヴェオリア社」に水道事業を委任した。その結果、2009年までに水道料金が265％も上昇し、市民の反対で公営に戻さざるをえなかった。

民営化推進論者の意見は「民間に任せれば、行政より効率的な経営ができるので、コスト削減になる」というが、現実はまったく逆である。民営水道会社は「利益を上げるために正規労働者を減らして非正規に置き換える。水質改良にコストをかけない。利益を捻出するために、水道料金を引き上げる」という経営を行う。そして、「インフラの改良は自治体に負担させるので、財政支出が増える」「再公営化するときに民間会社に違約金を取られる」など、利用者である国民と地方自治体にとってプラスになることは、なにひとつない。

そして、民間で水道事業ができるのは外資だけである。なぜ、安倍内閣は外資に日本の公共財産を売り渡すのか。

「種子法」廃止の影響は大きい

戦後の日本では、「二度と国民を飢えさせてはならない」という趣旨で１９５２年に「種子法」が制定された。これは、「コメ・麦・大豆」の三大主要農産物が、どんなときでも安定供給されるように、種子の生産と普及について国の責任を定めた法律である。

ところが安倍内閣は、２０１８年４月に「種子法」を廃止してしまった。

こうなると、農家は種子を自ら生産する必要があるので、手間がかかるだけでなく、海外から入ってくる安い「種」を買う必要に迫られるであろう。海外の「種」に依存しているうちに、日本のコメの種子が衰退していく。そして、輸入種子の価格が上がると、コメの値段が高くなるという海外依存の体質になるであろう。

外資から見れば、日本の種子を押さえることは、日本の食料を支配できることになる。食料という生命線を握れば、日本を支配下に置くことができる。

安倍内閣は日本の農業を根底から弱体化させる道を外資に与えたのである。

食料自給率が低下し危機水準に

安倍総裁率いる自民党は２０１２年12月の選挙で、ＴＰＰ参加反対を訴えて政権に復帰した。ところが政権に復帰すると、豹変《ひょうへん》してＴＰＰ参加を表明し、米国が参加を拒否すると、米国抜きの11カ国でＴＰＰ11を組成し、さらに必要がないＥＵとの貿易協定まで締結して、日本の食料自給率を低下させている。

２０１８年のデータでは日本の食料自給率（エネルギーベース）は過去最低の38％に落ち、食料生産額は前年比２％減の66％だ。これは、田畑が縮小して農業所得が減っているからである。

第二次大戦後の英国を見ると、１９６１年には食料自給率（カロリーベース）が42％であったが、２０１３年には63％に向上している。１９６１年の日本の食料自給率（カロリーベース）は78％であったのが、現在は38％に落ち込んでしまった。日本国民の食料志向が畜産物、牛肉、乳製品、小麦、トウモロコシなどに広がり、これに応えるには輸入に頼らざるをえなかったことは確かである。しかし、ＴＰＰ11やＥＵ貿易協定などで輸入を増やして国内生産を抑制する政策をとれば、自給率が低下するのは当然である。自公政権はあえて食料自給率を低下させているのだ。

『よくわかるＴＰＰ48のまちがい』（農山漁村民文化協会、２０１２年）によると、「農業生産額に対する農業予算の割合（２００５年）」は、日本が27％、米国が65％であり、米国農民は日本農民よりも２・４倍の財政支援を受けていることがわかる。この比率が２０１９年でも継続しているとすれば、日本の１０１・４兆円の国家予算のうち農水予算は２・４兆円であるが、米国並みにするにはこの２・４倍の５・８兆円が必要である。

5　産業競争力の著しい低下

日米協調路線が日本の競争力を奪う

最近発表されたいくつかの指標を見ると、日本の製造業は競争力を失って衰退していることがわかる。

スイスの有力ビジネススクール「ＩＭＤ」は２０１９年の世界競争力ランキングを発表した。アジア勢では、シンガポールが１位、香港が２位、中国が14位、タイが25位、韓国が28位であり、日本の総合順位は30位に下落した。比較可能な１９９７年以降では、日本の順位は過去最低である。

さらに５Ｇ関連の特許獲得上位10社を見ると、ファーウェイ（中国、１５２９件）、ノキア（フィンランド、1397件）、サムスン電子（韓国、1296件）、エリクソン（スウェーデン、812件）、クアルコム（米国、787件）、LG（韓国、744件）などであるが、日本勢ではシャープ（日本、468件）が入っているものの、シャープは台湾の鴻海《ホンハイ》が主要株主である。

以前は日本の常連であった日立、東芝は原発案件でつまずき、国際競争力が著しく落ちている（米国CIAのザ・ワールド・ファクトブックによる）。

1980年代から1990年にかけて日本の半導体の対米輸出が増加し、日本のシェアは50％を超えたために、1986年の日米半導体協定が締結されて、ダンピング防止により低価格での輸出を抑えられた。さらに1991年には、日本からの輸入は外国製半導体の2割に抑えられた。1990年代後半には、スカラー型に転換したスーパーコンピュータでも後れを取ることになり、クラウドコンピューティングに対応したソフトやコンテンツづくりでも後れを取るようになった。

市場原理主義では産業は育たない

こうして日本は、先端産業である情報通信産業で決定的に遅れることになり、電機産業の国際競争力の低下となってしまった。このように「電子産業分野で米国の要求に譲歩すれば、日本の産業を守れる」という日米協調路線が、日本の競争力を減退させることになったのである。日本政府（経済産業省）と政治家の失敗である。

さらに21世紀に入り、新自由主義思想が蔓延《まんえん》してくると、「産業政策は市場原理に任せればよい。

政府や業界が産業政策を立てる必要はない」というイデオロギーが広がり、「規制緩和」による政府と政治家の無責任体制が産業衰退に拍車をかけたのである。

自動車産業は貿易黒字の7割を占めているが、円安（最大50％の円の切り下げ）に支えられた面が強く、円ドル相場が90円程度に円高になったときに、競争力がどの程度あるかは疑問である。中国では電気自動車（ＥＶ）の開発が進んでおり、日本はやや劣勢ではないかと言われている。円安による「あぶく銭」で開発意欲が削がれていることは否めないだろう。

産業が衰退していく大きな理由は、超金融緩和がもたらす円安相場にある。超金融緩和によって、金利と為替相場という金融機能を麻痺《まひ》させ、新陳代謝による新しい産業の育成を阻んでいるのだ。

6 格差拡大から階級的分断が進む日本

過去34年間、就業人口増加の94％が非正規労働者

総務省発表の「労働力調査」のデータをもとに非正規労働者の比率を見ると、図表9－9「過去34年間の非正規労働者の比率」のようになる。この図表から以下のことが読みとれる。

図表9-9　正規雇用と非正規雇用労働者の推移（1984〜2018）

（出所：総務省資料）

	1984…1999	2001……2009/8	2009/9…2012/12	2013/1………2017　2019
政策	98 デフレ始る 97〜99 金融危機 1億総中流の余熱	「労働法改悪」（製造業にも非正規許可） 「小さい政府」 政策デフレ 小泉構造改革	法人税引下げ・消費税引上げ（三党合意） 20年プライマリーバランス均衡目標 民主党連立政権 公共投資削減	19/4 消費税10％へ 18/4 高プロ等で賃金引下げ （5年間で1世帯当たりの実質賃金は累計で79万円減） 14/4 消費税引上げ 13/4 法人税引下げ 自公政権 超金融緩和

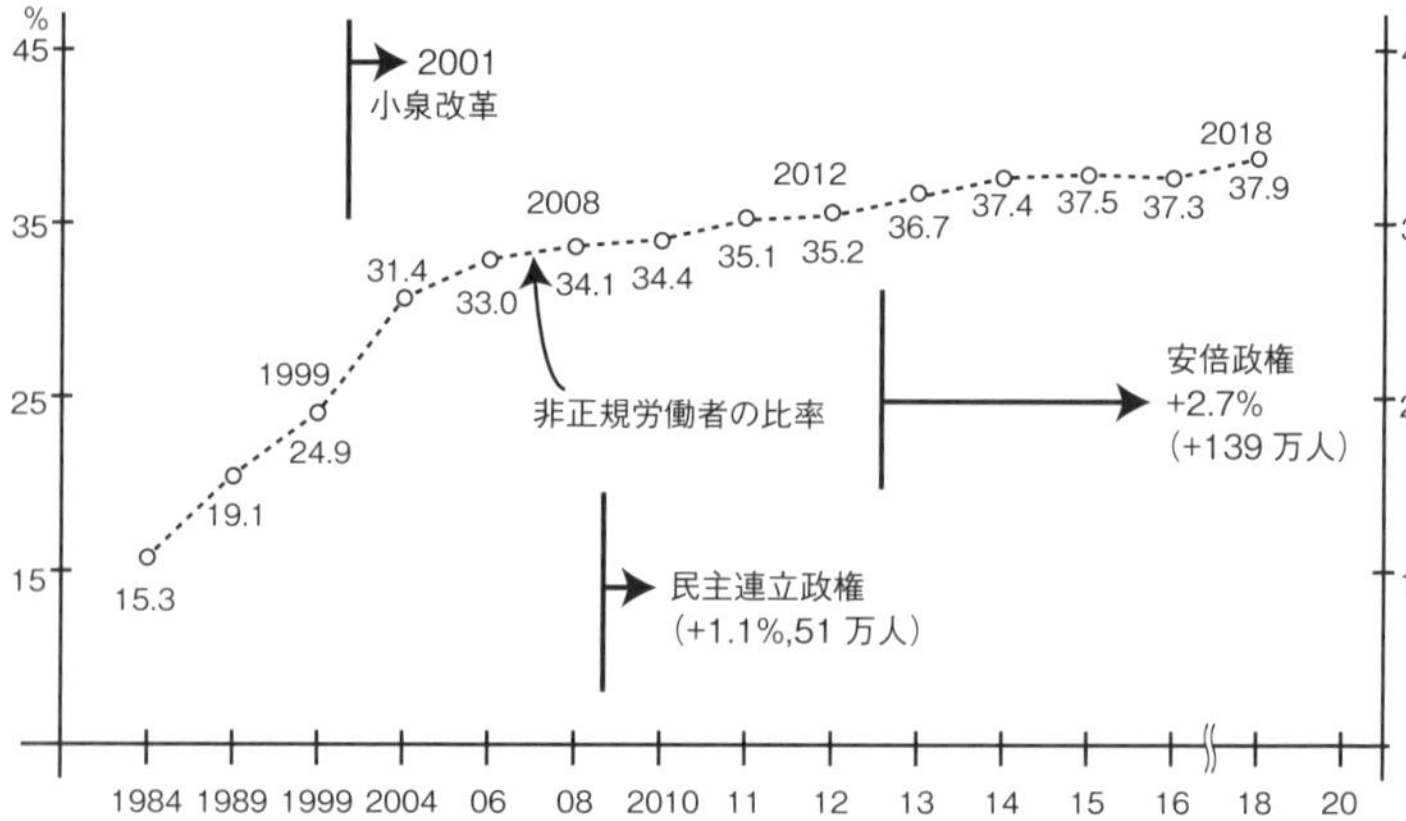

	1984	1999	2006	2008	2012	2015	2018
就業人口（万人）	3,936	4,913	5,092	5,175	5,161	5,303	5,596
正規（%）	3,333 (84.7)	3.688 (75.1)	3,415 (67.0)	3,410 (65.9)	3,345 (64.8)	3,317 (62.5)	3,476 (62.1)
非正規（%）	604 (15.3)	1,225 (24.9)	1,678 (33.0)	1,765 (34.1)	1,816 (35.2)	1,986 (37.5)	2,120 (37.9)

第１に、過去34年（１９８４~２０１８年）で就業人口は、３９３６万人から１６６０万人増加して５５９６万人になった。ところが、正規社員は３３３３万人から３４７６万人になり、わずか１４３万人しか増加しておらず、非正規社員は６０４万人から２１２０万人へと、１５１６万人も増えている。つまり、増加した就業人口の８・６％しか正規社員になれなかったわけで、実に91・４％に当たる１５１６万人は非正規社員である。

この間、パートとアルバイトが増加して、家計が苦しくなり、学費負担が厳しくなってきた事情が見られると同時に、正規労働者になれないので、非正規労働者にとどまっている労働者が激増したことが読み取れる。

第２に、非正規労働者が増えたのは小泉内閣（２００１~２００６年）になってからであり、２００３年の労働法改悪によって非正規社員を製造業にも採用できるようにした。そして「小さい政府にする」と言ってデフレ政策を導入した。

デフレになると、企業は新規投資を抑え、人件費を圧縮し、正規雇用を少なくするようにし、非正規労働者を多く採用するようになった。これが原因で、就業人口に占める非正規労働者の比率は１９８４年の15・３％から２００６年には33％（プラス18％ポイント）に急騰した。一方、正規労働者は１９８４年には３３３３万人で84・７％であったが、２００６年には67％へ低下、さらに２０１８年には62・１％に低下している。「正規をリストラして非正規で補う」という企業の人事政策がはっきりと読み取れる。

「非正規労働者は生涯非正規労働者」とした安倍内閣

第3に、2013年からの安倍内閣は、労働法を改悪して「非正規労働者は、万年、非正規労働者にさせる」政策を導入した。

すなわち、従来の「3年間非正規であった労働者は正規雇用にしなければならない」という規定を改悪して、「仕事を変えれば、いつまでも非正規で雇用できる」という政策を導入したのである。

この結果、2018年には非正規比率は37・9%と史上最高の水準になっており、単に格差ばかりでなく、階級的分断が進んでいる。

7 マイナス成長で経済の底割れが生じる

これからの日本経済はどうなるか？

以上の分析から、今後の日本経済は次のようになるであろう。

①デフレは継続する。安倍政権はプライマリーバランス均衡目標を２０２５年まで延長した。これは安倍政権が「小さい政府」（デフレ政策）を継続させる方針を示したのであり、デフレ経済は少なくとも数年は継続する。

②個人所得は二極分化していく。中間層は縮小、崩壊する。消費税10％の下では、消費の長期的な伸び悩み、個人所得の減少（家計のデフレ）が顕著になる。

③輸出は停滞し、貿易収支は赤字になる。しかし経常収支は、資本収支の黒字増加によって、均衡状態になるか、マイナスに転じるであろう。

④国内設備投資は伸び悩みが継続し、都市部への人口集中、地方の低迷が固定化する。

このように日本経済はマイナス成長が続き、国内のさまざまな面で格差社会が広がっていくだろう。

マイナス成長から脱却するには、政府投資による国土再開発計画が必要であるが、実現できるかどうか疑問である。対外債権国で国家が豊かなうちに、社会的インフラの整備を進めるべきである。

次項でも述べるが、教育・研究費への公的財政支出の減少をやめ、その分野への予算を増加することで人材の育成をすべきである。

そして、近隣諸国との和解を進めるべきだ。このままでは、外交関係の軋轢《あつれき》が生じ、暗い世の中になっていくのではないか（詳細は終章参照）。

どのようにして格差を縮小させるか

日本の階級社会は、21世紀に入ってからの「政策によってつくられた結果」である。そうであれば、原点に返って、格差拡大につながった法律を改廃し、政策としてできるものから改善すべきである。

第1に、法人税を国税ベースで30％に引き上げる。同時に消費税を5％に引き下げる。そして、物品税を導入する。消費税導入前に戻ればよいのであって、このほうが公平税制になる。さらに、企業が国内に設備投資を実行したり正規社員を雇用したりした場合には、相応の減税をする（条件付き投資減税）。

第2に、OECD諸国のなかで、日本は低所得者に対する所得再配分機能が小さいので、低所得者に対する社会保障費負担の負担率を引き下げる。

第3に、日本は教育への公的支出を増加すべきである。

OECD（2016年）の「公的教育費の対GDP比率」を見ると、英国4・2％、フランス4・5％、米国4・1％、ドイツ3・6％、イタリア3・1％、日本2・9％で、日本は主要6カ国のなかで最低の比率である。平均4・0％を1％以上も下回っている。

世界一の債権国が自分の国の教育のために、自分のカネを使っていないのだ。日本では低所得者が増加しており、民間の教育費支出の余地が乏しい。このままでは日本の知的水準は低下していくであろう。日本は世界一の債権国で、われわれの余った預貯金は海外に貸している。これを日本国内で国民のために使えば、教育費にもマネーを回せるのだ。

第10章

地政学・地経学から見て難しい立ち位置にある日本

1 脆弱な日本の国力

国力を構成する3つの要素

国力とは何か。それは国際政治を支配できるパワーであり、①「軍事力」、②「経済力」、③「意見を支配する力（外交力）」から構成されている（E・H・カー『危機の二十年』岩波文庫、2011年）。この3点は総合的に把握すべきであり、「経済は所与の政治的秩序の上に成り立っており、政治から切り離して、有意義な研究は出来ない」（前掲書）。

第1に、日本の「軍事力」を見てみよう。ストックホルムの国際平和研究所の発表（2013年）によると、世界全体の軍事費（約206兆円）に占める比率では米国37%、中国11%、ロシア5%であり、日本とドイツはともに2・8%である。これをGDP（国内総生産）の比率で見ると、米国3・3%、中国1・9%、ドイツ1・2%、日本1%になる。

日本とドイツの軍事費はほぼ同額

ここで注目すべきことは、「同じ敗戦国である日本とドイツの軍事費の金額がほぼ同じ」ということだ。日本のＧＤＰはドイツよりも大きいので、日本の防衛費のＧＤＰ比率はドイツより小さくなるが、金額では変わらない水準になる。日本は平和憲法の下で専守防衛であり、ドイツも専守防衛で軍隊はＮＡＴＯの管理下に置かれて、軍事主権はない。日本とドイツの防衛費が、ほぼ同じであるということは興味ある事実であり、戦勝国が、どこかで、ドイツと日本の軍事力が強まらないように、チェックしているのではないかと思わざるをえない。

トランプの対日戦略で確認できるように、米国は憲法第９条と日米同盟で日本の「封じ込め」を継続している。ここに、安倍首相の対韓外交に見られる「危険な国・日本」が出現すれば、日本は一段と封じ込まれるであろう。

中国も勝戦国であるから、米国と同様に、日本が再び侵略を犯さないように監視していることを日本は忘れてはならない。

米軍事力に依存する日本の経済力

第２に、日本が強いと言われている「経済力」を分析してみよう。

そのベースになるエネルギー自給率を経産省のサイト（２０１５年）で見ると、日本は７・４％で、主要国のなかで最低だ（米国92・２％、英国65・８％、フランス55・９％、ドイツ38・８％、韓国18・９％）。

また、日本は原子力発電所を多く持っており、他国から原発を攻撃されたら、原爆が落とされたのと同じ規模の被害が発生する恐ろしい国である。

食料自給率を見ると、生産額ベースで66％（国内消費仕向額に対する国内生産額）、カロリーベースで見た食料自給率では、日本はこれまた最低の38％（米国127％、英国72％、フランス129％、ドイツ92％）である（農水省のデータ、2018年）。

さらに重化学工業の原料である鉄鉱石、石炭はほとんど輸入であり、輸入が途絶えたら、輸送用機器（自動車等）や機械等の重工業製品の輸出はすぐに途絶えてしまう。原料輸入が可能になっているのは、究極のところ、東アジアの制海権を米国が握っているからである。この結果、西太平洋の安全が保たれている。

経済力は、軍事力による支えがなければ無力である。日本の経済力は、米国という覇権国家によって、海洋の自由化が保障されていることに依存している。

さらに、現在の日本で指摘されるのは、1997年を境に生産年齢人口の減少が始まっていることだ。2000年を基準として見ると、2015年には10％も減少し、年々継続して減少している。同時にこれは、経済規模の縮小にもなり、国力を減退させている。

独自性のない日本の外交

3番目の「意見を支配する力」は外交力であり、国際的な外交力はその国の経済力と軍事力がベースになっている。そのうえに立って、国家の指導者の力量によって左右されることが多い。

最近の日本の外交は、米国従属で独自の考えがなく、存在感が薄いのが現状である。さらに日本は、「原爆の唯一の被爆国」として「原水爆廃絶運動」を率先して主張していくべきなのに、２０１６年10月27日の国連総会で、核兵器禁止条約（提案国はオーストリア等）に反対した。米国が反対なので、米国に追随したのだ。

しかしこれで、平和国家という日本の国際的なイメージは消え去り、国連内部では驚きと失望とともに、「米国に従属する国家」という悪評が目立つようになった。安倍首相は、日本国民が戦後築いてきた平和国家のイメージ、唯一の被爆国としての核兵器廃絶のカードを破り捨ててしまったのだ。

「あなたはどこの国の総理ですか。今こそ、あなたが世界の核兵器廃絶の先頭に立つべきです」（長崎県平和運動センター被爆者連絡協議会の川野浩一議長、２０１７年８月９日）という発言こそ、世界に響いた名言である。

米国の前大統領であるオバマは、「核兵器は廃絶すべきである」と主張して、ノーベル平和賞を授与されている。日米同盟があっても、世界で唯一の被爆国である日本は「核兵器禁止条約」に賛成すべきである。たとえ賛成しても、米国との外交関係が悪化するとは思われない。安倍首相が外交力の乏しい政治家であることを立証した事例であろう。

不利な立地条件にある日本の現状

地政学とは、一国が置かれている自然環境、地理、地形を前提として、人口、産業、資源など、その国が保有している力と歴史を研究し、国家戦略を構築する学問である。

こうした前提は、人間の力では動かすことができない絶対的な要因であり、政治家のイデオロギーや外交力、経済の形態、国民の意向などには関係なく決められる要素である。これを不変の事実として、最適な国家戦略を立てる学問が地政学である。

地政学的に日本の立地条件は、米国、中国、ロシアという三大国家の利害が衝突する北東アジアに位置している。

また、東アジアに目を向けると、日本は中国と韓国とは平和条約を結んでいるが、相互に「和解」しているとはいいがたく、北朝鮮とはいまだに外交関係がなく極めて不安定な条件のなかにある。さらにロシアとの関係では、いまだに平和条約が締結されておらず、北東アジアは複雑な要因で、勢力バランスが変わる地域である。

とくに第2次安倍内閣の外交は、米国従属、中国敵視の包囲網外交、韓国非友好外交であり、極東アジアで孤立している。

核兵器時代には地経学が重視される

すでに述べたとおり、伝統的な地政学の分野では、地理的条件と自然環境、人口と経済力、軍事力が重視され、とくに軍事力が雌雄を決する要因になっていた。

しかし、核兵器時代になると、核兵器は国威の発露と抑止力としての意義を持つが、軍事力として安易に行使できるものではない。そうなると「経済力」が地政学のうえで大きな位置を占めることになり、これを重視してまとめた学問が「地経学」である。

地経学が注目されるようになったのは、軍事力を持たない日本が、経済力だけで主要五大国（現在7カ国）に仲間入りできたことだ。


日本は国家防衛を米国に委ね、経済力を強化し、産業、貿易、金融で「円パワー」をつけて、世界一の債権国になった。日本は、太平洋戦争の侵略を反省して平和国家としての理念を持つべきであったが、こうした国家観を樹立する政治力と戦略を持たなかったために、「危険な国」として封じ込められ、経済力が衰退している。

米中間の新しい対立は、「凋落してきた米国の経済力」と「強力になってきた中国の経済力」の衝突であり、経済力を強化してきた中国が「市場の覇権」を狙っているのが現状である。「軍事攻撃」に代わる新しい武器が「経済制裁」であり、「領土争い」よりも「通貨戦争」、「軍事同盟」よりも「経済同盟（自由貿易協定）」、「軍備拡張」よりも「資源開発投資」が有効な武器となる。

とくに「資源」と「生活必需品」の経済制裁は、決定的な武力攻撃に相当する戦略である。

2

米国と中国、2つのグローバリズムの狭間にある日本

日本にとって東アジアのシーレーンが生命線

日本はエネルギー資源をほとんど海外に依存し、食料自給率もカロリーベースで38％と主要国のなかで最も低い。軍事力は専守防衛に限られており、大国に伍していくだけの総合的な国力は保持していない国である。幸いなことに、これまでは、憲法第9条で日本は絶対に戦争しない国として経済力を強化して、主要先進国の仲間入りをしてきた。ところが、安倍政権の失政で経済力が衰退しており、地経学的にも日本は弱体化している。

そのうえ、少子高齢化で人口減少が進み、戦後の日本を支えてきた経済力の衰弱によって、長期的に停滞していくのではないかと懸念されている。

エネルギーと多くの食料を輸入に依存している日本にとって、米国が覇権を持つ西太平洋のシーレーンは生命線である。米国と安全保障条約を締結しているので、生命線が守られているが、経済的に力をつけた中国がチャイナ・グローバリズムを展開し始めており、西太平洋の覇権を狙い、すでに南シナ海に人工島（スプラトリー諸島）をつくって、米国の覇権に迫っている。

日本はどのように対応すべきか。

米国が築いた普遍的で不動の価値観

第二次世界大戦終了後に、民主主義陣営での覇権国家になった米国の存在意義は、自由で開かれた国際秩序、公正な金融システム、民主主義を守るための軍事力である。日本はこの枠組みのなかで、西太平洋の海上覇権を持つ米国の庇護の下、経済成長を成し遂げてきたのである。台頭する中国もこの受益者であり、米国がつくり上げた経済システムのうえで国力を増進してきたのだ。

こうしたなか、米国がつくり上げた自由貿易システムと特定の国との自由貿易協定によって、かえって米国の安全保障は脅かされ、米国民の所得を引き下げ、格差を拡大していることから、トランプは、自由貿易体制と不法移民を見直すと言って当選した。彼の当選は、米国が築いてきた民主主義の普遍的価値観を否定しているのではなく、台頭する中国との間で、米国が不利になりすぎているために、「バランス・オブ・パワーを取り戻そうとしている」のだ。その結果、「米国が第一」と称して「貿易の不均衡（米国の赤字）の是正」と「国力の回復」を求めている。

依然として米国は、世界中に米軍基地を持ち、短期間に世界のどこでも軍事力を行使でき、核武装もしている。経済力では、食料自給率は100％を超えており、エネルギーもシェールガス掘削でエネルギー輸出国になった。閉鎖的な経済体制をとっても、堂々と生き延びられる国である。

国際通貨ドルの威力と芸術音楽のソフトパワー

米国は自国通貨が国際通貨であり、あらゆる面で「通貨ドルの権威」を維持することが求められている。世界中のドルの決済はすべて米国内の銀行で行われ、最終的には中央銀行である連邦準備銀行（ＦＲＢ）にある銀行勘定で決済される。そのため、米国は世界各国で行われるドル取引の決済を最終段階で阻止することができる。これは覇権衰退国としては強い立場である。

さらに米国は実質的にエネルギー価格の決定権を握っているだけでなく、ＩＴなどの産業の高度なテクノロジーを持つ。芸術面でもハリウッドに代表される映画や音楽、ニューヨークに集中しているファッションなどを総合したソフトパワーがあり、これらを総合した国力が米国型グローバリズム（ＵＳグローバリズム）である。

したがって米国は、経済力の低下はあっても、短期間でグローバルな存在価値が低下することはありえない。

「一帯一路」のチャイナ・グローバリズム

２０１７年の全国人民代表大会（国会）で、建国１００年にあたる２０４９年には「社会主義現代化強国」をつくり、米国と並ぶ覇権国家になるという目標を国民に示した習近平は、中国を起点として、アジア―中東―アフリカ東岸―ヨーロッパを結んで、緩やかな経済協力関係を構築

図表10-1　一帯一路構想

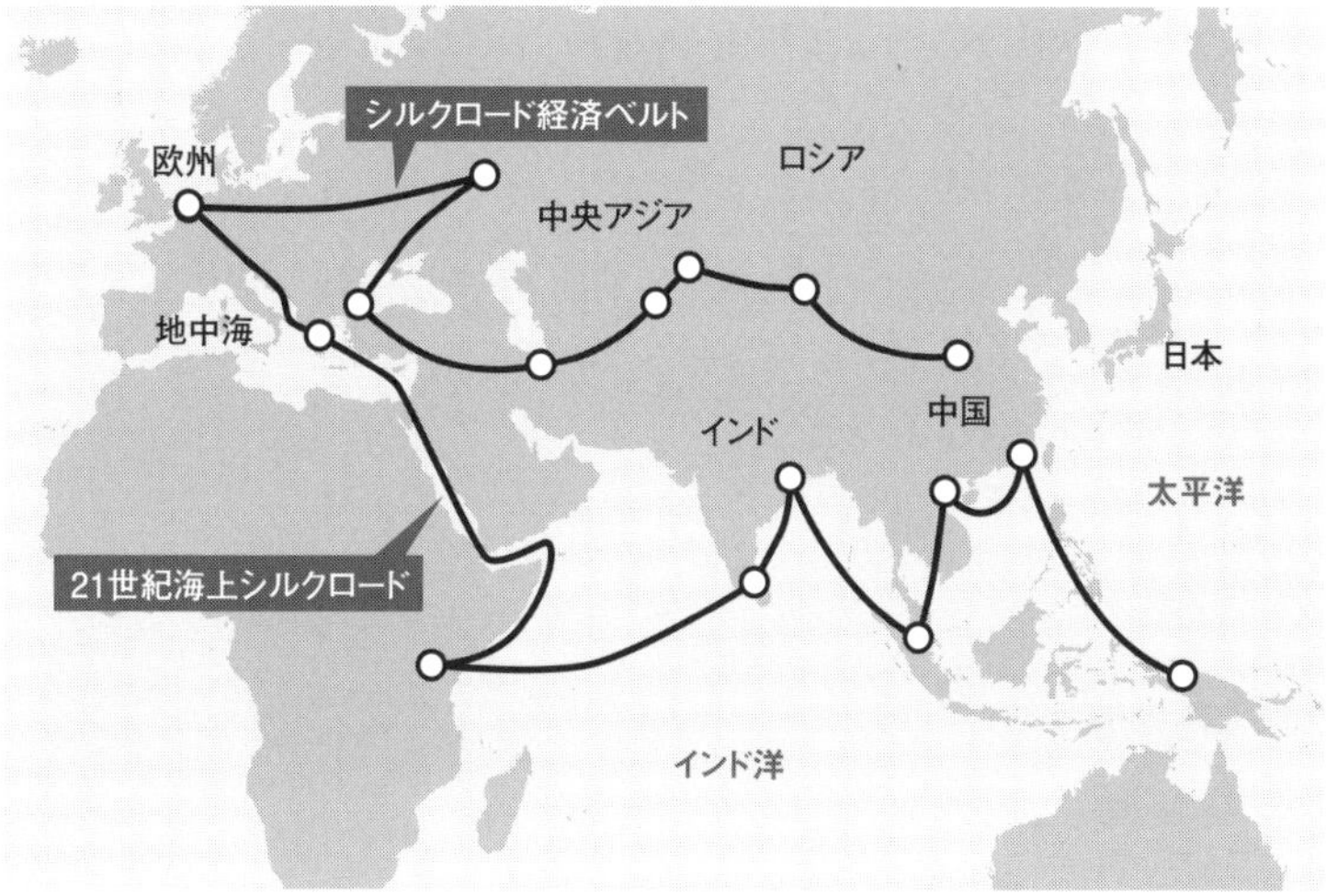

しようとする壮大な国家戦略を打ち出した。

「一帯一路」とは、習近平が２０１３年に提唱した一大経済圏構想である。「一帯」は陸路の「シルクロード経済ベルト」であり、「一路」は「21世紀海上シルクロード」をいう（図表10-1「一帯一路構想」参照）。

２０１７年5月に北京で第1回の「一帯一路サミットフォーラム」を開催し、29カ国の首脳と１３０余りの国の代表団の前で、プロジェクトを実現させるための供出金や融資額を約束した。同時に習近平は、「この構想は参加国が相互に利益を得ること（ウィンウィン）を目的としたもので、経済的な関係だけであって、中国が他国へ干渉するものではない」と強調して、地政学的な見地から中国の影響力が強まることを懸念する声に配慮した。

しかし主要各国は、この構想を利用して中国が周辺国家への覇権を求めていくのではないかという警戒心が強く、インドは代表派遣を拒否し、英国、フランス、ドイツなどは貿易推進関連の提案文書への署名を拒否したと伝えられている。

米国は当初、オバマ大統領が「中国主導の一大経済圏構想だ」と言って反対したが、国内の大手企業からの参加要請が出たため、参加を表明し、トランプ大統領も習近平との首脳会談（２０１７年11月）で協力を約束した。

日本は当初から「中国主導で日本の意見が通らない」と言って反対であったが、トランプ大統領が積極的な政治姿勢を示したので、安倍首相は方針を変え、２０１８年１月22日の国会での施政方針演説で参加を決定した。

さらに中国は、「一帯一路」構想に資金援助をする目的で、２０１３年秋にアジアインフラ投資銀行（ＡＩＩＢ）構想を立ち上げ、参加57カ国で２０１６年１月16日に開業式典を行った。

中国から日本に「副総裁のポストに就いてほしい」と打診してきたと報じられているが、日本は「ＡＩＩＢの組織形態や運営に透明性がない」ことをあげて難色を示した。しかし実態は、「米国が参加しない国際機関に率先して日本が入るわけにはいかない」（朝日新聞、２０１５年４月１日付）ということであった。

日本は自主性をもってチャイナ・グローバリズムに協力すべき

ＡＩＩＢに対しては、当初からＩＭＦ（国際通貨基金）と世界銀行が協力していくと明言しており、日本は創設メンバーに参加して、内部でリーダーシップを取るような行動をとるべきではなかったか。そうすることが米国への支援になるし、日本のアジアでの存在感を高めることになるであろう。

こうした行動に出られなかったところに、日本の外交の限界があり、アジから孤立する要因になっている。

長期資金を融資する場合には、物的な担保があるか、国の保証があるかが大前提であり、1つのプロジェクト（案件）の下で融資資金の回収が可能かどうかが基本的な問題になる。したがって、AIIBと融資を受けた国との関係が緊密になり、融資の回収が不可能になったときに、AIIBが融資を受けた国家に介入することもありうる話だ。この点は、AIIBが他国から懸念される点である。

すでに述べたとおり、日本は西太平洋のシーレーンの支配権が中国に移っていったあとでも、中国と友好な外交関係を樹立できるように、経済面で「一帯一路」のプロジェクトに関与していくべきである。

福田康夫首相の下で、日中は「協調的互恵」関係を望んでいたが、第2次安倍内閣になってから、中国敵視、中国包囲網外交を継続しているので、このままではアジアのなかで日本は主導権を失っていく。そうした孤立を回避するためにも、「一帯一路」のプロジェクトへの支援は必要である。「一帯一路」のプロジェクトで、日本が積極的に支援できるのは、港湾施設、高速道路、鉄道路線などのインフラ分野であろう。技術面で支援できるはずだ。

参加するプロジェクトの選定にあたって、中国の軍事的進出が懸念される場合には、「平和国家である日本は支援できない」ときっぱりと拒否すべきである。日本がこうした姿勢をとれば、国際的評価が高まるであろう。それには絶対平和主義国家・専守防衛の国家であるという国家理念が必要である（終章参照）。

3 極東アジアで勃興するナショナリズムへの対応

韓国を併合した日本

冷戦終了のアジアで最も成長率の高い国は中国であり、次いで韓国である。太平洋戦争の前まで遡ってみると、韓国は日本へ併合された国で、中国は日本が侵略した国であって、ともに近年、反日ナショナリズムが高まっている。

ここで、まず、その歴史を簡単に振り返ってみよう。

１９１０年8月22日に韓国のソウルで、日本と韓国の間で韓国併合条約が調印され、同月29日に日本政府の裁可公布（政令）により同条約が発効した。これによって日本は大韓帝国を併合し、その領土であった朝鮮半島を領有した。

朝鮮民族は国家併合という形で国土と国民を失い、小学校ではハングル語の使用が禁止されて、日本語教育が徹底された。

日本の韓国併合は、日本がポツダム宣言の履行を約束する降伏文書に調印した１９４５年9月2日をもって終了した。解放後の朝鮮半島では、北緯38度線の北側はソ連邦が、南側は米国が占領して統治し、１９４８年に、北は朝鮮民主主義人民共和国、南は大韓民国として独立した。

日本と大韓民国（韓国）との間では、１９６５年6月に日韓基本条約が締結され、日本は韓国に残してきたインフラ、資産、権利を放棄し、当時の韓国予算の2年分以上の資金援助（5億ドル）をすることで、日韓国交を樹立した。

しかし、戦時中に日本軍が運営・管理していた慰安婦問題、日本へ徴用された徴用工問題、竹島の所有権問題など、日韓では紛争が絶えない。

満州事変から中国本土への侵略

１８９５年に日清戦争に勝利した日本は、賠償金と台湾の割譲を受け、１９０５年には日露戦争でも勝利し、樺太の南半分が日本領になった。

1930年から日本は昭和恐慌を引き起こす大デフレ政策をとったことで、日本経済は危機的状況に陥った。そこで、貧困化した国民を救うという名目を立てた関東軍は、満州侵略の糸口をつくろうとして満州事変をでっち上げた。

1931年9月18日に中華民国の奉天（現瀋陽）郊外の柳条湖で、関東軍が南満州鉄道の線路を爆破した事件（柳条湖事件）に端を発し、関東軍による満州（中国東北部）全土を占領した侵略である。

関東軍が、日本がつくった満州鉄道を爆破し、「これは中国人がやったことだ」と宣伝して、日本の満州侵略の端緒をつくったのである。まさに日本のだまし討ちである。これを理由にして、関東軍は約5カ月で満州全土を占領した。その後、日本は、1932年に満州に日本の傀儡《かいらい》政権である「満州国」をつくり、これを契機として日本軍は南下して中国全土を侵略しようと、泥沼の日中戦争を展開したのである。

戦後は、1972年に日本の田中角栄首相が中国の周恩来首相と会談し、国交回復が実現した。中国は、日本に賠償を求めなかったので、これに応えて日本は中国に経済協力の形で、無償有償の援助を継続している。しかし、中国の日本不信感は払拭されておらず、第1章と第5章で述べたとおり、米国に協力して「日本封じ込め」を行っている。

習近平は2018年の全人代での演説で、「外国からの侵略が悲惨な状況下で、わが国の国民は英雄的に奮戦し、血みどろになって戦い、一切の凶悪な侵略者を打ち負かせた」と、日本の侵略を念頭に置いた演説をしている。

今後、米国が西太平洋から徐々に手を引いていったとき、安倍内閣が閣議決定した「専守防衛を超えた集団的自衛権行使の容認」で自衛隊が米軍とともにフィリピン海峡や東シナ海へ進出すれば、日中紛争の再来が懸念される。

中国は経済規模（GDP）で米国に次ぐ世界第2位の経済大国であり、経済力を背景に軍事力を強化し、西太平洋の覇権を狙っているからだ。

中韓両国への認識不足で稚拙な日本の外交

全人代での施政方針演説で明確に述べられたことは、「アヘン戦争以来、列強に蹂躙《じゅうりん》された国土を復興させようとするリベンジ（屈辱の怨念）」が「中華民族の偉大な復興」というナショナリズムの発露になっている点である。

世界第2位の経済大国でありながら、中国はG7に加盟しておらず、大国としての正当な評価を受けていないという屈辱（対米国とG7）と、日本へは過去の侵略への怨念が交差して、強固なナショナリズムとして表面化してくるであろう。

これは、中国だけではない。韓国と北朝鮮では日本に国家を奪われた「屈辱の怨念」が根強く残っており、これまで米国の陰に隠れて表面化しなかったナショナリズム的な動きが無視できないのが現状である。

米国ですら、「リメンバー・パールハーバー」とトランプ大統領が発言したが、これは「俺たちは日本のだまし討ちを忘れていないぞ」という日米両国民への警告であり怨念である。

日本はまず、真剣に中国と韓国との和解を進め、北朝鮮との外交関係樹立を進めるべきである。

4 日本が優先すべきことは中国、韓国、北朝鮮との和解

中国・韓国に対して親しみを感じない日本人

日本の最大の問題は、中国、韓国、北朝鮮と真の和解が進んでいないことだ。

ここで図表10-2「米中韓に対して親しみを感じる割合の推移（内閣府の調査）」をご参照願いたい。米国に対して「親しみを感じる人」の割合は常に70％台で推移しているが、韓国と中国に対しては「親しみを感じる人」の割合は2013年以降（第2次安倍内閣になってから）低下している。個々の理由はグラフのとおりである。

日本列島という島を米国の近くに動かすわけにはいかないから、日本は中国や韓国から地理的に離れることはできない。日本が中国と韓国と疎遠になっていくことは、日本がアジアで孤立す

図表10-2　米中韓に対して親しみを感じる割合の推移

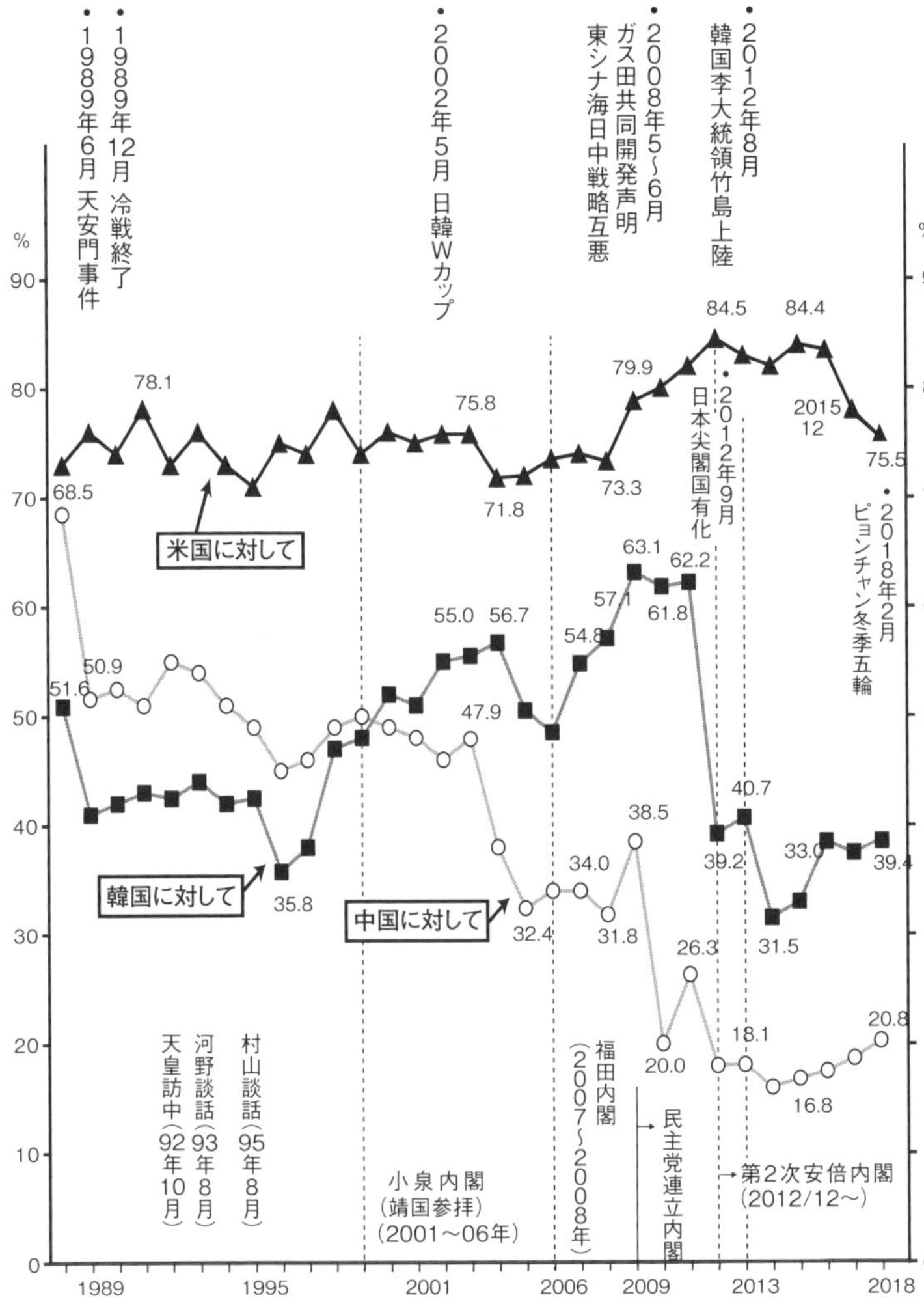

〔出所〕内閣府「外支に関する世論調査」をベースに著者が作成

ることになる。

ドイツ加入に最初は反対していたフランス

冷戦のさなかで、米国、英国、フランスによるドイツ占領地域では、1949年5月に「ドイツ連邦共和国（西ドイツ）」が成立した。

当初、フランスは西ドイツの再軍備とNATO加盟に反対していたが、西ドイツの基本法24条に「連邦は主権的権利を国際機関に委譲することができる」という条文が挿入され、「西ドイツには軍事主権がないことが確認された」ので、フランスもドイツのNATO加盟に賛成した。

その後、1990年10月3日に東西ドイツは統一し、統一後のドイツでも西ドイツ時代の基本法がそのまま残った。ドイツが統一した現在でも、戦勝国によるドイツ封じ込めは継続しており、ドイツは軍事主権を国際機関に委任している。

ドイツとフランスは政治と経済のすみ分けができている

国連の安全保障理事会の常任理事国は、戦勝国である米国、英国、フランス、ソ連邦（現ロシア）、中国であり、欧州の代表はフランスである。ドイツには常任理事国になりたいという考えはまったくなく、欧州の政治の代表がフランスであることはEUの共通認識である。

一方、経済面では、統一通貨ユーロを管理するのは欧州中央銀行（ECB、本店はドイツのフランクフルト）で、ＥＣＢの基本的理念はドイツの中央銀行の考えである。こうして欧州では、「政治の代表はフランス、経済の代表はドイツ」といったすみ分けがあり、競合しないように調整されている。フランスでもユーロは7割の支持を得ている（２０１７年の大統領選挙後の統計）。

「和解」に不断の努力を継続するドイツ

ナチス・ドイツとの決別を国家の第一目標とするドイツには、「過去との決別」が大前提としてある。この大前提があってこそ、ＥＵのリーダーとしての存在が認知されている。

この前提には、「ナチス・ドイツの被害を受けた旧被害国は、受けた被害を絶対に忘れない」という被害国の感情をドイツが十分に認識し、加害責任としての真摯な反省を忘れることなく、不断の努力をしているからだ。だから、ナチス時代を美化する、靖国神社の遊就館のような博物館は、ドイツには存在しない。

過去との決別は、自国のためにするものである。もし、これをしなければ、旧被害国から反発を受け、損をするのは自分の国である。ここに「歴史リスク」（過去の歴史を反省しなければ、現在の自分が被る損害）があるのだ。ドイツは過去と決別し、旧被害国と積極的に友好関係を進めるように交流を深めている。

政府間のみならず、民間社会の交流が大切であり、とくに若い学生たちの交流は偏見をなくすいい方法である。１９６３年1月に仏独協力条約（エリゼ条約）が締結され、フランスとドイツの和解を進めるための包括的な条約が結ばれた。

この影響は民間に広がり、同年に仏独青少年事務所が創設された。すでに両国の青年800万人が交流に参加し、偏見をなくして交流する機会として広く活用されている。

さらに両国では、2000以上の友好都市のほか、企業1500社の相互支社設置、ボーイングに相当する航空機メーカー（エアバス）が活動しており、2006年には共同歴史教科書がスタートした。このようにドイツの努力が実を結んで、フランスとドイツはEUの中核として機能している。

どうすれば日本は中国・韓国と和解できるか

2017年11月、日本を訪問する前にハワイに立ち寄ったトランプ大統領は、米国民に「リメンバー・パールハーバー」とつぶやいてから日本へ飛び、日本の税関を経由せずに米軍横田基地（米国の主権地）に到着した。

日本軍が、宣戦布告通知が米国に届く前に、パールハーバーに奇襲攻撃をかけた1941年12月8日未明（米国では12月7日）の事件を、米国民は屈辱の日として絶対に忘れていない。このときの米国民向けのトランプのつぶやきは効果的で、被害を受けた米国民は被害の事実をいつまでも忘れていないことがわかる。今でも米国と日本との「和解」が十分にできていないことの表れである。

そのうえで、日本人が自覚すべきなのは、日本という国は「相手に奇襲をかけるような卑怯《ひきょう》な国だ」というイメージが、米国ばかりでなく世界中で、払拭されていないという事実だ。ましてや、宣戦布告もなく国土を蹂躙された中国国民と、植民地支配を受けて苦境を味わった韓国・北朝鮮の国民にとっては、日本との「和解」からほど遠いのが現状である。とくに過去数年の安倍政権の下では、和解よりも対立関係が強まっており、危機的な状態である。

では、どうすれば「和解」の道が開けるのか。

和解のためになすべき4つのこと

第1に、日本は「被害国は戦争中に受けた仕打ちを絶対に忘れない」という事実を忘れてはならないことだ。日本人が「最も親しい国」と思う米国ですら、パールハーバー事件を忘れていないのだから、中国と韓国との和解の原点として、日本国民一人一人が「日本が多大な被害を与えた」ことを認識して行動することである。

日本は1995年8月に村山談話で、日本の侵略行為に対するお詫《わ》びを発表している。しかし、安倍首相は当初、村山談話を否定したので、中国、韓国との和解の道が途絶えたのである。

第2に、日本は、歴史認識の対立を解消することである。中国、韓国のみならず、米国をはじめ諸外国が日本の総理大臣の靖国神社参拝を批判するのは、靖国神社には戦後の国際的秩序を全面的に否定し、戦前の日本の行動（大東亜戦争）を正しいとする歴史観があるからである。安倍首相は、「安倍内閣として村山談話をそのまま継承しているわけではない」（２０１３年４月22日、参議院予算委員会）と発言し、「侵略の定義は学界的にも国際的にも定まっていない。国と国との関係でどちらから見るかで違う」（同年４月23日、参議院予算委員会）と発言したことで、アジア諸国だけでなく米国などにも波紋を投げかけた。

参考までに、ドイツの歴史認識問題を見ると、ナチス時代の被害国であるフランス、オランダ、ポーランドなどの近隣諸国とは何度も会議を持ち、歴史的事実に関して共通認識を持っており、歴史問題は存在しない。教科書も共通認識に立って作成されている。

日本の歴史認識の問題解決のためには、日本、中国、韓国が共同で会議を持ち、基本的な問題については共通認識を持つことである。日本の首相が和解の必要性を認識し、日本国民の真摯な対応が和解を生む大前提である。

第３に、日本は「歴史リスク」に直面しているという認識を持つべきある。「歴史リスク」という概念は、「戦前の侵略行為に対する被害国家からの批判や反発が依然として残っており、日本の外交や経済活動にマイナスになっている」という認識である。和解を軽視していると、被害国に口実を与え、苦境に立つのは日本である。米国は助けてくれない。

「歴史リスク」は、まず政府と政治家が自覚し、国民全員が被害国に対する真摯な反省と責任を持つことが大前提になる。

第4に、早急に「和解」を理解し推進できる内閣をつくることだ。自民党政権でも、2008年5月に福田康夫首相と胡錦濤主席との間で「『戦略的互恵関係』の包括的推進に関する日中共同声明」が調印され、6月には東シナ海ガス田の共同開発が合意されて、友好ムードだった。米国もこの動きに好意的であった。

ところが、日本が尖閣諸島を一方的に国有化した（野田民主党政権）ことから、中国との対立が起きた。さらに安倍首相が靖国問題と中国包囲網外交によって国難をでっち上げ、憲法改訂のために中国敵視政策をとっている。

これが和解を阻む最大の障壁である。原点に返って、日本政府が保有している尖閣諸島を元の日本人の所有者（個人）に戻せばよい。そうすれば、「尖閣諸島は日本人個人の所有で、日本が実効支配している」という元の状態になるので、中国との領土問題は解消するであろう。元の所有者が再購入を希望しないなら、政府は別の日本人個人に売ればよい。そのうえで、中国と東シナ海ガス田の共同開発を進めることだ（終章参照）。

終章

「危険な国・日本」から脱皮できるか

1 なぜ「危険な国・日本」が甦ってきたのか

48年前の懸念が現実化している

第8章で述べたとおり、48年前にキッシンジャーと周恩来が懸念した「危険な国・日本」が甦ってきたのである。

米国と中国は一段と「危険な国・日本」の監視を強化するであろうし、このままでは日本の経済的な成長は望めないだろう。

さらに問題なのは、日本国内では官邸の指導の下で、政府に不利な情報は隠蔽され、マスメディアの言論の自由を抑制しようとする動きが顕現化しており、ファシズムへの流れが懸念されていることだ。

なぜ、「監視されるべき」安倍首相が歴代最長になったのか

「危険な国・日本」が甦ってきた理由を知るには、「なぜ、安倍内閣が日本の最長記録を更新したのか」「なぜ安倍首相という戦前回帰の国粋主義者が生き残っているか」について、それらの

原因を模索する必要がある。

第1に指摘されることは、安倍首相は政治・経済の両面で米国の意のままに行動してきたことだ。戦争責任については米国に謝罪し（2015年4月の上院下院合同会議での演説）、経済面では小泉構造改革（対日年次要望書に従って実行した日本改造計画）の延長で、緊縮財政と規制緩和、外資の利益を優先する政策を進めてきた。こうした政策によって富を米国と外資に渡し、米国からの安倍批判をかわしてきたのである。

「米国の意向に反した首相は長続きしない」（元外務省国際情報局長・孫崎享氏）と言われており、長続きするのは米国従属を最優先してきたからだと思われる。この間に、安倍首相は、中国敵視の包囲網外交、韓国への敵愾心の高揚を引き起こして、日本国民を憲法改訂へ向けるような雰囲気づくりを実施してきた。

第2に、野党が自滅するなかで6回の選挙を勝利したことだ。安倍晋三を総裁とする自由民主党は、衆議院で3回（2012年12月、2014年12月、2017年10月）、参議院で3回（2013年7月、2016年7月、2019年7月）の選挙を勝利している。

この背景には、消費税は4年間上げないと国民に約束して政権交代に成功した民主党政権（国民新党と社民党の連立）が、野田首相になってから三党合意（民主、自民、公明）で消費税の引き上げと法人税の引き下げを決めたことがある。まさに、国民に対する民主党の背信行為である。これで国民の政治不信が広がり、その後の選挙（衆参）では投票率が下がって、2019年7月の参議院選挙では戦後2番目に低い48・8%に落ち込んでいる。

この選挙で、総得票数のうち、自民党の得票率は35・4%であるので、絶対得票率（総有権者に占める自民党の得票率）は16・7%（6人に1人）にすぎない。連立を組む公明党の得票率を加えても、自公政権の固定票は2割程度にすぎない。この程度の得票率で安倍自公政権が長期政権を維持できるのは、民主党の野田政権の裏切りで失望した国民の間に「諦めの気持ち」（諦観）が出ており、無党派層が選挙に行かなくなったことが原因である。日本はまさに民主主義の危機に直面している。

過激な報道で国民を洗脳するマスメディア（政治の新自由主義化）

第3に、日本の選挙に「ショック・ドクトリン」と呼ばれる手法（手口）が利用されていることだ。選挙の公示後3日目に「自公優勢で過半数」と五大新聞（読売、朝日、毎日、日経、産経の各新聞）が一斉に報じた。「さあ選挙だ、どこへ投票しようか」と選挙民が考える前に、結論を出してしまうことで、国民をだまそうとする手口である。

元々は、新自由主義を創設したミルトン・フリードマンという経済学者が使った手法で、大惨事につけ込んで過激な市場原理主義改革を遂行するための手口である。この手口を応用して、「新しいことを実現するためには、国民が考える前に過激な結論を出して、それしかないと思わせれば勝ちだ」という、まさに詐欺師の手口を使ったのだ。

日本の大手新聞社は10年ほど前からこの手口を使い始め、政治に新自由主義という経済的手法を持ち込んできた。この手口を使うには、マスメディアのなかにリーダーが必要になる。そのリーダーとは政府に近いマスメディア関係者であろう。政府が大新聞を支配しているようで、戦前の大本営発表と同じ方法で国民を洗脳しようとしているのである。

貧困化した国民のはけ口になっている

第4に、小泉構造改革以降に急増してきた「非正規労働者層」が「中国・韓国嫌い、再軍備賛成」に動き、安倍政治を支援していることが指摘されている（橋本健二『新・日本の階級社会』講談社現代新書）。

階級的分断が強まると、戦前の昭和恐慌（財政デフレ政策）で国民を貧困に落とし込んだ政府と軍部が、満州事変（1931年9月）を起こして、貧困に苦しむ国民を満州へ連れていったのと同じような政策がとられる。例えば、小泉構造改革以降の日本で、低賃金に苦しむ国民の目を外へそらすために、対外紛争を意図的に引き起こす政治がとられてきた。

新自由主義の犠牲者である「非正規労働者」が、自らの不満のはけ口として、非正規労働者を増やす政策をとってきた安倍首相の「嫌中」「嫌韓」を煽る政策に賛同しているのは、いかにも皮肉な現実である。日本には、非正規労働者の苦労を解消する政策を真摯に実行する政治勢力が存在しないことが、こうした現象を生んでいる。

自民党内に蔓延する歴史修正主義

第5に、歴史修正主義が政権与党の政治家に蔓延していることだ。「歴史修正主義」というのは、「戦前の日本が行った植民地支配や侵略主義、およびそれに関連するさまざまな人権侵害について、これらを事実でないと否定すること」であり、こうした主張をする人が歴史修正主義者である。

安倍晋三氏が自民党総裁に就任し、首相に就任してから、自民党内部のみならず、安倍氏に協力する（忖度《そんたく》する）政治家を中心として歴史修正主義者が蔓延している。自民党は政権党であるから、彼らの意見が官僚を支配する。とくに警察官僚は国民の表現の自由を抑制し、反自民、反政府的な発言を抑制しているケースが報じられている（第8章参照）。

さらに歴史修正主義者の戦前回帰の言動は、歴史認識の乏しい若者に歴史修正主義を教え、日本の侵略行為に対する謝罪を拒む者も出てくるようになってきた。「侵略は昔のことだ。いつまで謝ればよいのか」と言った傲慢《ごうまん》な態度となり、近隣諸国との和解を阻む背景になっている。

一段と強化される「日本封じ込め」

「危険な国・日本」の再来は、安倍晋三という「戦前回帰の国粋主義者」が首相になったときから急速に蔓延したので、安倍首相が続く限り、その傾向は強まるであろう。そうなれば、米国と中国の日本封じ込めは一段と強まり、日本経済の長期低迷は間違いなく継続する。

しかし、多くの日本国民が「戦前回帰」を望んでいるとは到底思えない。しかし現実の流れは、多くの国民の意に反して「戦前回帰」の危険な動きが進んでいるのだ。

幸いなことに日米同盟で、米国が戦勝国の代表として日本封じ込めを担っており、日本の暴走を封じ込めている。本来、日本経済を低迷させている「封じ込め」には反対すべきであるが、これによって日本が「危険な国」になることが抑えられているのは、なんとも皮肉なことだ。

今後、米中の対立が始まった西太平洋地域で、日本はどのような国家観を持つべきかが定まっていない。ここに日本が直面する大きな国家的課題がある。

2 日米同盟が日本の暴走を抑える

「危険な国」を抑える日米同盟

日米同盟の深化が「軍事同盟化」であるとすれば、日本は米国と南シナ海で軍事訓練を繰り返すことで、中国との軍事衝突の危機が迫り、アセアン諸国から締め出されて、一段と孤立していくだろう。このとき問題になるのは、日本が専守防衛を超えて米国と組んで、中国を牽制するような軍事演習を南シナ海で実行していることであり、ここに危機がある。

日本は原点に戻って「専守防衛」に徹し、軍事面では米国に協力しない（できない）という「憲法第9条の規律」に従うべきである。

米国は第二次大戦の戦勝国を代表して「日本の憲法第9条は絶対に破棄させない」ことを明確にしており、最近、改めてこの点が確認されている。

第1章で述べたとおり、日米安全保障条約には3つの目的がある。第1に、日本が二度と侵略行為を起こさないために「日本を封じ込め」て、アジアの平和を維持すること。第2に、海外からの日本への侵略を米軍が防衛し阻止すること。第3に、米国の西太平洋の覇権確保のために日本が無制限で基地を提供することである。基地提供に関しては、安保条約の締結と同じ時点で政府間協定を結んでいる。

2018年からの日韓関係では、放置すれば軍事衝突に発展しかねない事態が発生しているが、日米同盟があるために海上自衛隊、航空自衛隊の暴走を抑制していると言えよう。日韓紛争は、日米同盟による「日本封じ込め」の必要性を改めて立証したのである。

日本では、自衛隊の独立性を主張する意見があるが、政府の韓国に対する外交姿勢と最近の一部の世論の動きを見ていると、「韓国軍と自衛隊の衝突」を阻止できる保証は乏しいのではないか。

ひとたび軍事衝突が起これば、一挙に拡大して取り返しのつかなくなる危険性がある。安倍政権の対韓姿勢と日本の暴走を抑えられるのは、日米同盟による米軍だけであることが改めてわかるだろう。

日英同盟破棄の轍を踏まないこと

戦前の１９０２年に、日本は英国と同盟を結んだ。同盟の内容は、「英国の清国内に持つ権益と日本の清国と朝鮮に持つ権益を相互に尊重し、第三国と戦争になった場合には、他の一方は中立を守ること」を約束した防御同盟である。

１９０４年に満州での権益争いから日本はロシアと戦争をしたが、英国は参加しなかった。１９０５年８月に改正された日英同盟では、朝鮮における日本の権益の優先権を認め、同時に同盟義務が第三国から攻撃された場合には相互に軍事的援助の義務を負うという本格的な軍事同盟に発展した。

１９１１年には第三次日英同盟に発展し、ドイツの脅威を同盟に盛り込み、英国は日露戦争後に悪化した日米関係を懸念して、日英同盟の対象から米国を除くことを望み、その趣旨が同盟に盛り込まれた。

ここで第一次世界大戦が勃発し、日本は日英同盟の規定に従って英国に軍事援助を申し出て参戦し、中国大陸と太平洋地域のドイツの軍事基地を攻撃した。１９１５年には中国に21カ条の要求を突きつけて、中国での権益要求をあらわにした。

当時、満州進出を目論んでいた米国は、日露戦争後の日本の満州への進出に警戒心を抱いていた。英国としては、日米関係の悪化を懸念し、将来、日米戦争が起きれば「英国は米国と戦わなければならない」ことを避けるため、対象国から米国を除外していた。

一方、米国も、英国が日米対立に巻き込まれないように日英同盟破棄を要求するようになった。1921〜1922年のワシントン軍縮会議の結果として調印された4カ国条約（英国、米国、フランス、日本）によって、日英同盟は破棄されることになり、1923年に終了した。

日英同盟は、中国における両国の権益を維持することが主たる目的であったが、同時に日英同盟には日本の中国侵出を牽制する効果があった。また、英国は幅広い情報網を持っており、日本にとっても自らの行動を顧みる機会が得られた。

しかし、こうした機会を失った日本は、中国への侵略を加速し、1931年9月には関東軍が南満州鉄道を爆破した柳条湖事件をきっかけに満州全土を占領し、1932年に満州国をつくり上げた。この間、1933年には満州撤退を要求された日本は国際連盟から脱退し、中国への侵略を加速させた。1941年12月にパールハーバー攻撃で米国に宣戦布告し、日本は破滅の道に落ち込んだのである。

もし日英同盟が継続していれば、日本の軍事行動はある程度制約されたのではなかろうか。

3

「尖閣諸島の民間への売戻し」と日中平和促進友好条約の締結

仏独協力条約（エリゼ条約）に学べ

日本は地政学的に見て、中国と朝鮮半島とは未来永劫にわたって近隣諸国であり、日本列島を米国の隣に移すことはできない。とくに日本が中国を敵視して、米国と軍事的に接近していくことは、かえって日本の孤立を招く。今後の日本外交の最重要課題は、中国との和解と永遠の友好関係の確立である。

ここで、ドイツとフランスの関係を見てみよう。

１９６３年１月に仏独協力条約（エリゼ条約）が調印されて、フランスとドイツの和解を進めるための包括的な条約が結ばれた。

この条約が締結された背景には、１９６１年に就任した米国のケネディ大統領とソ連邦との対話姿勢があった。これに対して、フランスのド・ゴール大統領は「米ソ二大勢力のいずれにも与《くみ》しない」として、フランスの大国化を望んでいた。一方、西ドイツのアデナウアー首相は、東ドイツとソ連邦への対決姿勢を強めようとしていた。この両者の意向が一致して、１９６３年に仏独協力条約（エリゼ条約）が締結されたのである。

その後の独仏は、定期的に閣僚会議を開いており、2017年にフランスのマクロン大統領が就任した直後に、ドイツのメルケル首相がパリを訪問して、独仏の友好関係を確認している。

尖閣諸島を日本政府保有から民間人保有へ戻す

尖閣諸島は日本国籍の民間人の所有であったが、野田首相が国で買い取り、国有化（政府が所有）したことが日中間の紛争になったのである（第4章参照）。

第10章でも述べたとおり、民間保有のときでも尖閣諸島の実効支配は日本国にあったので、国の保有から日本国籍の民間保有へ戻し、実効支配のまま、民間人が所有し続ければ、日中友好を妨げている「喉元のとげ」を除去することができる。

これは、日本政府が即座に断行できる有効な対中友好政策である。

日中間で「日中友好促進条約」を締結する

現在でも、日中間では、外相会議、日中韓首脳会議など、散発的な交流の機会はある。しかし、民間を含むこれらの交流を一段と促進する意味から、「日中友好促進条約」を締結することが望ましい。

1972年の日中国交正常化のときの「日中共同声明」には「覇権条項」があり、「日中両国間の国交正常化は、第三国に対するものではない。両国のいずれも、アジア・太平洋地域において覇権を求めるべきではなく、このような覇権を確立しようとする他のいかなる国あるいは国の集団による試みにも反対する」と明記されている。この趣旨は、１９７８年に締結された日中平和友好条約に盛り込まれている。

これは、米ソの冷戦時代であり、ソ連邦の覇権進出を念頭に置いていたが、時代が変わった現在でも、「両国のいずれも、アジア・太平洋地域の覇権を求めない」という趣旨は生きている。

最近の日本は、自衛隊が米軍とともに東シナ海からインド洋まで軍事活動をしている。しかしこれは、日本の安全保障上、中国を軍事面で敵視している行動であり、日本の安全保障上、かえって日本の危機が増加し、日中軍事衝突の懸念が十分にある。しかも、明らかに専守防衛違反であり、憲法第９条違反である。

日中友好促進条約を締結して、中国に「覇権争いはしない」という日中平和条約の趣旨を再確認すれば、両国にとって無益な軋轢を回避することができるであろう。

4

21世紀を生き抜くクレバーな国家理念とは

安全保障は3つの選択肢から

現在の日本が迫られている課題は、日本が「戦前回帰の国粋主義」を国家理念とするのか、専守防衛に徹した「永世平和国家」（絶対平和主義）を国家理念とするのか、二者択一を迫られていると言えよう。そのなかで、日本の安全保障を考えると、次の3つの戦略が考えられる。

第1の戦略は、相手が侵略を思いとどまるだけの「軍事力」をつけることである。軍事力による「抑止力」をベースとして、外交力、交渉力などを強化する方法である。

日本は国力から見ても、とても中国の軍拡にはついていけないし、軍拡は賢明な政策ではなく、無益な発想である。しかも、日本は憲法第9条を破棄しない限り、再軍備と軍拡には走れない。

第2の戦略は、集団的自衛権行使を容認して、米国と軍事面でも一体化して、米国の傭兵のように行動することである。2014年7月1日に、安倍内閣が集団的自衛権を容認する閣議決定をしたことで、現在の日本はこの戦略をとることになった。その結果、「犠牲になるのは日本」

であることが判明したのである（第7章参照）。

第3の戦略は、日本が「絶対平和主義」の理念を打ち立て、自衛隊は「専守防衛」に徹して、集団的自衛権を一切認めないことである。「いかなる場合でも、日本から相手国へ侵略をしない」という安心感を相手に与えることができれば、日本は諸外国と対等の立場で、国家主権を維持できる。

そのためには、「永世平和国家宣言」を国会で行い、米国にも中国にも従属しない国家観を持つことだ。そうすれば紛争に巻き込まれることを避けることができる。

この第3の案では、日本は集団的自衛権を認めないので、専守防衛だけになり、海外からの攻撃がなければ紛争は起きない。この案では外交力が国家の盛衰を左右する。クレバーな戦略は第3案である。

参考になる永世中立国スイスの存立条件

専守防衛の大先輩国はスイスである。スイスは、ナポレオン戦争の終結のために開催されたウィーン会議（1814～1815年）で、参加国によって永世中立国として承認された。その後、今日まで、永世中立国として存続している。

この永世中立国の前提にはいくつかの条件があり、この条件を満たして初めて、国際法によって保障される（伊津野重満「中立国の法的義務に関する考察」1993年、山尾徳雄著「永世中立と国際連合」1982年等参照)。その条件は、次のように要約される。

第1に、複数の国家の署名による「中立国としての承認」が必要である。

第2に、永世中立国は自国の領土を他国の侵略から守る義務があり、自衛以外の目的で戦争する権利を持たない。永世中立国は軍事同盟や軍事援助条約、安全保障条約の締結を行わず、他国に基地を提供してはならない。さらに、非軍事的な国際条約には参加でき、思想的中立を守る義務、出版言論の自由を制限する義務は持たない。

この結果、スイスは、専守防衛のために徴兵制をとって軍事力を強化し、国土防衛のために、あらゆる場所に国土防衛の装備を備えている。第二次世界大戦では、ナチス・ドイツの侵略を受けることなく、自国防衛に成功した。

また長年、スイスは、国連に加盟していなかったが、2002年3月3日の国民投票で加盟することになり、軍事以外の平和維持の活動には参加している。

日本は米国と同盟を結んでいるので、スイスとは本質的な違いがある。しかし、日米同盟の範囲内で、憲法第9条による専守防衛を主張すれば、米国の戦争に参加する義務はなくなる。

永世平和国家宣言の内容(絶対平和主義)

以上のとおり、日本が激動の21世紀を生き延びていくには、集団的自衛権行使を否定して、永世平和国家宣言をするのが最善の道だと考えられる。そのためには、どのようにすればよいのか。

複雑な周辺国の利害が異なる北東アジア地域では、一挙にバランス・オブ・パワーが変化し、暗転する場所である。こうしたなかで、日本が生き抜いていくには、衆参両院の国会で、「永世平和国家宣言」を行い、「絶対平和主義」を基本的理念にするのが最善の戦略だと考える。

トランプが「米国が第一」と言っている趣旨をよく理解すれば、日本は「永久に絶対に戦争しない国」「憲法第9条を堅守して、専守防衛に徹する国」「集団的自衛権の行使はできない国」ということを明言し、「これが日本だ」と印象づけることがベストの戦略ではないか。

まず、閣議決定で「2014年7月1日の集団的自衛権行使容認は認められない」「日本は憲法第9条で集団的自衛権は容認できない」という基本方針に戻ることだ。次いで国会（衆参両院）で、「永世平和国家宣言」をすればよい。

5 永世平和国家確立のための基本政策（専守防衛と福祉国家）

防衛力は現状維持

トランプ大統領は、米国の対日貿易収支の赤字を縮小するために、武器と軍事品を購入せよと要求している。しかし、日本はこれに応じるべきでない。

米国との貿易問題は、日本が自動車の輸出（黒字の8割を占める）を抑制し、輸入ではシェールガスなどの輸入量を増やすことで調整すべきである。

日本は現状並みの防衛力（ほぼドイツと同じ金額）を維持しつつ、中国と韓国には、あくまでも日本は「絶対平和主義の国で専守防衛に徹する」ことを伝え、さらに「集団的自衛権行使容認」を閣議決定で否定すれば、自衛隊の行動は日本の専守防衛だけになり、中韓は日本の対外進出を懸念しないであろう。

食料安全保障政策の確立

日本は主要国のなかで食料自給率の最も低い国で、カロリーベースの食料自給率は38％（2018

年、農水省）である。

万一、東アジアのシーレーンで紛争が起きれば、日本はたちまち食料危機に陥ってしまう。国民の生命と暮らしを守る食料安全保障こそ、国家の根本的な安全保障である。

「米国が第一」を掲げるトランプが、安全保障の見地から輸入制限措置を講じた教訓は、日本に改めて食料安全保障の重要性を認識させてくれた。

食料安全保障のためにも、中国との軍事衝突、近隣諸国との対立や紛争は避けなければならない。

エネルギー安全保障の確保

日本の国力が脆弱な最大の理由は、エネルギーの海外依存度が極めて高いことだ。想定外の原子力発電の事故が発生しても、政府（経産省）のエネルギー政策は依然として原発依存度を高く維持しようとし、そのほかのエネルギー開発には消極的である。

主要国のなかで、日本のエネルギーは原発と石油の依存度が高すぎる。石油以外のエネルギー（太陽光熱、地熱、メタンハイドレートなど）の開発にウエイトを置いた長期計画が必要である。

ドイツは、２０１１年の東日本での原発事故後に、原子力発電所を全廃することを決めて、自然エネルギー開発に重点を置いている。自然エネルギー開発では、当初は国民の費用負担が増えるが、軌道に乗ると、経費は逓減《ていげん》していく。

日本では、「夢の資源」としてメタンハイドレートの開発が計画されているが、一向に進んでいない。

国家戦略をしっかりと練ってエネルギー政策を立てることが急務である。

新自由主義から脱却し福祉国家を目指す

日本の経済成長が停滞し、日本国民が年々貧しくなっていくのは、小泉内閣（２００１〜２００６年）が採用した新自由主義イデオロギーに基づく経済政策を継続しているからであり、甦る「危険な国・日本」を「封じ込め」る政策が強化されているからである。

永世平和国家を目指しながら、新自由主義的な政策から脱却することが必要である。現実をしっかり把握したうえで、以下のように、経済政策の重点を福祉国家になるよう移すべきである。

①小さすぎる政府を是正する。一般会計の予算規模を早急に１３０兆〜１４０兆円（ＯＥＣＤ平均並み）に引き上げて、成長型の予算にする。

日本は対外債権国であり、世界一財源の恵まれた国である。予算を増やす財源は十分にあることを認識しよう。そのうえで、予算規模を拡大しても軍事費（防衛費）を増やすのではなく、予算支出の増加分はすべて社会保障費に充当し、福祉国家になるべきである。予算規模の増加分を軍事費に回すようであれば、「日本封じ込め」が強まり、米国等の圧力で予算規模は据え置かれるであろう。

②金融バブルを解消する。第9章で述べたとおり、異次元の金融緩和は「百害あって一利なし」であり、日銀バブルで投機に回っているマネーは国土刷新計画（10年計画で人口減少時代にふさわしい交通網・地域社会の再建）に向けるべきである。

③消費税を5％に引き下げると同時に物品税を導入する。この方法をとれば、生活必需品・交通費の消費税は全廃され、贅沢品を中心にした物品税に切り替わる。法人税は、大企業への最高税率を30％へ引き上げる。中小企業には条件付き投資減税（国内設備投資を実行し、正規社員を雇用すれば相応の減税をする）を行う。

④格差を縮小させる政策を優先する。格差は新自由主義政策でつくられたものである。そのために、最低賃金を引き上げ、雇用は原則としてすべて正規雇用とする。中小企業には効率的な合併を推進する。

⑤緊急性が高い大型地震対策、社会資本整備、国土刷新計画を実行する。日本の社会資本（公共投資）は、２００７年から回収超過（新規公共投資から減価償却を控除したネットの数字）で、社会的インフラは老朽化が目立っている。更新投資だけでも年間約11兆円は必要である。

民間も純投資が伸び悩んでいる。公共投資を増やせば、民間投資も増えるので、公共投資による社会的インフラの整備を進めるべきである。これは過疎化しつつある地方再生に寄与する政策ともなるし、新規の公共投資として経済成長の根幹になる（拙著『新自由主義の自滅』文春新書）。

福祉国家の基本理念として「社会的共通資本」を位置づける

新自由主義は「顔のない人間性が欠如する資本主義」である。これに対して、福祉型資本主義は「人間の心を持った資本主義」である。米英は新自由主義がベースになっているが、EUはドイツとフランスを中心として福祉型資本主義を目指している。福祉型資本主義のベースとなる理念は、「社会的共通資本は民営化してはいけない」という考え方である（宇沢弘文『社会的共通資本』岩波新書）。

「社会的共通資本」は、故東大教授・宇沢弘文氏が提唱した理念である。具体的には、森林、大気、水道、教育、報道、公園、病院など、産業や人間の生活にとって必要不可欠な社会資本をいう。「一つの国ないし特定の地域に住むすべての人々が、ゆたかな経済生活を営み、すぐれた文化を展開し、人間的魅力ある社会を持続的、安定的に維持することを可能にするような社会的装置を意味する」と定義されている。

これらの要素は、単なる社会資本を超えた幅広い概念であり、同氏は社会的共通資本を、大きく「自然環境」「社会的インフラストラクチャー」「制度資本」の3つに分けている。

これら3つの分野に属するものは、利潤追求の対象として市場原理に委ねるべきではない。国家が職業的な専門家によって管理すべきであり、その知見や規範に従って、人間生活に安定的に役立つように維持されなければならない。

小泉首相の新自由主義革命によって「官から民へ」の大運動が展開され、日本では「官はすべて悪」という洗脳が続いている。この結果、第9章で述べたとおり、日本経済は衰弱し、国民の倫理観が薄れ、多くの日本人が方向を見失っているように見受けられる。とくに最近では、基礎教育の国家試験までが市場原理で儲けの対象となって弄ばれているが、これこそ新自由主義で国家が衰退していく典型的な実例である。

私の主張する福祉国家の基本理念として、この「社会的共通資本」を位置づけるべきであると考える。

おわりに　「主流派経済学者」が日本を滅ぼす

21世紀に入ってから日本の政治も経済も社会構造も大きく変わってきた。30年間のゼロ成長は実質的に長期デフレであり、新自由主義経済政策がもたらした結果である。

日本を大きく変えたのは、新自由主義（グローバリズム）というイデオロギーで、その背景には、冷戦終了後に日本を米国型の経済構造に変革しようとする米国の政策があった。日本では20世紀末から21世紀にかけて、新自由主義思想が大マスコミ（全国テレビやラジオ、全国紙）によって宣伝され、「官から民へ」「規制は悪、自由は善」といったワンフレーズ的な表現で国民の思考を変えようとしていた。いわば一大革命であった。

新自由主義革命を起こしたのは、１９７９年の英国のサッチャー首相であり、１９８１年の米国のレーガン大統領であった。新自由主義革命を見て危機意識を持ったフランスとドイツを中心とする欧州では、「すべてを市場原理に任せれば最善の答えが出る」という「人間の顔のない資本主義」が入ってくることを拒否しようと、ＥＵ（欧州連合）を組織した。この結果、英米が「市場原理に基づく新自由主義型資本主義」だとすれば、ＥＵは２０００年にＥＵ憲章をつくって「人間尊重の、人間の顔をした福祉型資本主義」を目指すと宣言した。ところが日本では、欧州の新自由主義の受け止め方はほとんど報道されず、多くの国民、とくに経済学者は米国から輸入された新自由主義を疑念を持たずに受け入れ、日本の経済政策にとり入れたのである。金融危機のときには、「まず不良債権の多い銀行を潰せ、それから整理しろ」とマスコミに宣伝し、危機を拡大してしまった。

21世紀になって小泉構造改革が実行され、「小さい政府」「緊縮財政」「景気対策は財政ではなく金融でやる」「規制緩和」「労働法改悪で非正規社員激増」「実質解雇自由」という政策が実行された。しかし、この結果は「30年間ゼロ成長」である。経済政策としては大失敗であり、デフレの結果、財政赤字が拡大して政府の債務が累積し、消費税増税に発展した。

さらに第2次安倍内閣では、黒田日銀総裁が超金融緩和によって2年でデフレを解消するといって、日銀マネーをジャブジャブにしたが、7年たっても物価は上がらない。そして緊縮財政、小さい政府の政策はかえってデフレを促進し、累積債務を増やしている。

21世紀に入って行われた新自由主義政策はすべて失敗しているのだ。新自由主義を信奉する経済学者は「主流派経済学者」と自称するが、国民を幸福にしない経済学であることが判明した。

この面からも、日本は早急に福祉型資本主義に転換すべきである。財政支出を教育、医療、社会福祉へ集中する政策をとればよいのだ。

本書の上梓《じょうし》にあたっては、ダイヤモンド社の田口昌輝氏に大変お世話になった。厚くお礼を申し上げたい。

私はこの拙著を、五十余年にわたって家庭をしっかりと守ってくれた妻・周子《ちかこ》に贈りたい。

２０２０年2月

菊池　英博

根本祐二『朽ちるインフラ』日本経済新聞出版社、2011年
野口悠紀雄『金融緩和で日本は破綻する』ダイヤモンド社、2013年
ハーヴェイ，デヴィッド『新自由主義』（渡辺治監訳）作品社、2007年
東谷暁『エコノミストを格付けする』文春新書、2009年
ピルズベリー，マイケル『China 2049』（野中香方子訳）日経ＢＰ、2015年
福島清彦『ヨーロッパ型資本主義』講談社現代新書、2002年
藤原正彦『管見妄語　失われた美風』新潮社、2019年
ブレマー，イアン『「Ｇゼロ」後の世界』（北沢格訳）日本経済新聞出版社、2012年
孫崎享『日米同盟の正体』講談社現代新書、2009年
松浦一夫『ドイツ基本法と安全保障の再定義』成文堂、1998年
毛利和子ほか『ニクソン訪中機密会議録（増補決定版）』名古屋大学出版会、2016年
森田実『崩壊前夜 日本の危機』日本文芸社、2008年
森永卓郎『消費税は下げられる！』角川新書、2017年
柳澤協二『亡国の安保政策』岩波書店、2014年
ワイナー，ティム『ＣＩＡ秘録〈上・下〉』文春文庫、2011年

〈菊池英博の主著〉
『銀行ビッグバン』東洋経済新報社、1997年
『銀行の破綻と競争の経済学』東洋経済新報社、1999年
『増税が日本を破壊する』ダイヤモンド社、2005年
『実感なき景気回復に潜む金融恐慌の罠』ダイヤモンド社、2007年
『消費税は０％にできる』ダイヤモンド社、2009年
『日本を滅ぼす消費税増税』講談社現代新書、2012年
『そして、日本の富は略奪される』ダイヤモンド社、2014年
『新自由主義の自滅』文春新書、2015年
『「ゆうちょマネー」はどこへ消えたか』（稲村公望と共著）彩流社、2016年
『使ってはいけない集団的自衛権』角川新書、2018年

・最近の論文
「財政と格差問題」『格差社会を越えて』（宇沢弘文、橘木俊詔、内山 勝久編）東京大学出版会、2012年
「日本の農業は“過少保護”農林中金の利益が生産に必要」『週刊エコノミスト』2016年6月7日号
「投機に流れるマネーを成長投資に」『週刊エコノミスト』2017年12月19日号

参考文献

伊藤真『やっぱり九条が戦争を止めていた』毎日新聞社、2014年
石田勇治『過去の克服：ヒトラー後のドイツ』白水社、2014年
内田忠夫『日本経済論』東京大学出版会、1987年
宇沢弘文『社会的共通資本』岩波新書、2000年
宇沢弘文『経済学は人びとを幸福にできるか』東洋経済新報社、2013年
内田雅敏『靖国参拝の何が問題か』平凡社新書、2014年
カー，エドワード・ハレット『危機の二十年』（原彬久訳）岩波文庫、2011年
貝塚啓明『財政学［第3版］』東京大学出版会、2003年
海渡雄一『秘密法で戦争準備・原発推進』創史社、2013年
郭洋春『ＴＰＰすぐそこに迫る亡国の罠』三交社、2013年
キッシンジャー，ヘンリー『国際秩序』（伏見威蕃訳）日本経済新聞出版社、2016年
クー，リチャード『「追われる国」の経済学』（川島睦保訳）東洋経済新報社、2019年
熊谷徹『日本とドイツ ふたつの「戦後」』集英社新書、2015年
クライン、ナオミ『ショック・ドクトリン〈上・下〉』（幾島幸子、村上由見子訳）岩波書店、2011年
クルーグマン，ポール『格差はつくられた』（三上義一訳）早川書房、2008年
佐々木実『市場と権力』講談社、2013年
宍戸駿太郎「戦後最大規模の財政出動が日本を成長路線に復帰させる」『週刊エコノミスト』2009年3月31日号
末浪靖司『「日米指揮権密約」の研究』創元社、2017年
スティグリッツ，ジョセフ『世界の99％を貧困にする経済』（楡井浩一、峯村利哉訳）徳間書店、2012年
関岡英之『拒否できない日本』文春新書、2004年
高原明生ほか『日中関係　なにが問題か』岩波書店、2014年
館龍一郎『日本の経済』東京大学出版会、1991年
トッド，エマニュエルほか『グローバリズムが世界を滅ぼす』文春新書、2014年
富岡幸雄『消費税が国を滅ぼす』文春新書、2019年
中野剛志『世界を戦争に導くグローバリズム』集英社新書、2014年
中原伸之『日銀はだれのものか』中央公論新社、2006年
西田昌司『財務省からアベノミクスを救う』産経新聞出版、2018年

[マ行]

[ヤ行]

[ラ行]

[ワ行]

[タ行]

[ナ行]

[ハ行]

[サ行]

索引

［著者］
菊池英博（きくち・ひでひろ）
政治経済学者、日本金融財政研究所所長。1936年生まれ。1959年東京大学教養学部（国際関係論）卒業。東京銀行（外国為替専門銀行、現三菱UFJ銀行）入行、主要ポストを経験したのちに、1995年文京女子大学（現文京学院大学）経営学部・同大学院教授に就任。2007年より現職。
この間、金融庁参与に就任。1998年の金融危機に際して、衆参両院の予算公聴会に公述人として出席、大手行に公的資金注入、銀行の株式保有制限、デフレ対策、純債務で見た日本の財政再建策などを提案。「エコノミストは役に立つのか」（『文藝春秋』2009年7月号）で「内外25名中ナンバー1エコノミスト」に選ばれる。
ニューヨーク、ワシントン、フランクフルト等に渡り、ユーロ研究で知り合った現地の大学教授や中央銀行幹部、主要銀行のエコノミストと強いパイプを築き、欧米の政治経済情勢に関して日本では知られていない情報を得る。近年、経済だけでは解決できない問題から国際政治について研究を進め、米中を中心とする国際的な封じ込め政策を分析している。
著書に『銀行ビッグバン』（東洋経済新報社）、『増税が日本を破壊する』『そして、日本の富は略奪される』（ダイヤモンド社）、『新自由主義の自滅』（文春新書）などがある。

ウェブサイト　https://17kikuchi.jp

米中密約“日本封じ込め”の正体

2020年2月12日　第1刷発行

著　者——菊池英博
発行所——ダイヤモンド社
〒150-8409　東京都渋谷区神宮前6-12-17
http://www.diamond.co.jp/
電話／03･5778･7234（編集）　03･5778･7240（販売）
装丁————清水良洋(Malpu Design)
DTP————荒川典久
製作進行——ダイヤモンド・グラフィック社
印刷————新藤慶昌堂
製本————本間製本
編集担当——田口昌輝

ISBN 978-4-478-11008-9